哈佛大學 Harvard 勵志課大公開

努力就是為了不苟且地活著

黃檳傑—著

No.1

哈佛大學勵志課大公開

Contents 目錄

哈佛大學勵志課大公開

Contents 目錄

第5課　你的努力用對地方了嗎？／99

第6課　從來沒有一種堅持會被辜負／131

哈佛大學勵志課大公開

Contents 目錄

前言

哈佛大學（Harvard University）位於美國麻塞諸塞州劍橋市的私立大學，一六三六年由麻塞諸塞海灣殖民地立法機關立案成立。一七八〇年，哈佛學院更名為哈佛大學。也是一所在世界上享有很高聲譽、財富和影響力的學校，在世界各研究機構的排行榜中，經常名列全球大學第一位。

哈佛何以稱「世界一流」？從「先有哈佛，後有美國」這句話中，可以找到答案。哈佛被譽為「美國人的思想庫」，為今天強大、繁榮的美國培育了一批又一批人才。建校幾百年以來，哈佛誕生了許多總統、諾貝爾獎獲得者、世界級的優秀記者、跨國公司總裁、傑出的教育工作者等。世界各國的精英有許多都是畢業於哈佛，從那裡獲得人生中寶貴的知識和教誨。

哈佛代表著學子心中神聖的殿堂，是許多年輕人夢寐以求的地方。

很多人內心深處都有一個哈佛夢想。對於每一個渴望成功的人而言，哈佛不僅是一所名校，更是一種精神的指引。

不管你有沒有機會去哈佛念書，哈佛的精神和學風都值得你學習。

哈佛的學生幾乎沒有一個能把老師要求的書目讀完，所以他們經常學習和閱讀到夜裡。這裡的學生很少有按時睡覺的，很多人都是在圖書館熬通宵。到了凌晨兩三點，閱覽區還是座無虛席。「凌晨的圖書館聚會」是同學們迎接新一天的儀式。

哈佛教授對學生說：「你選修我這門課，就一天只能睡兩小時。」哈佛的博士生可能每三天要啃下一本大書，每本幾百頁，還要交閱讀報告。

儘管從這裡過橋就是波士頓，有的學生——尤其是留學生——入學一兩年，還從來沒有上過橋，連波士頓長什麼樣都不知道。

在哈佛，大一不分科系專業，大二開始在約四十種學科中選擇專業。哈佛四年，要學三十多門課，分為七門核心課程、十六門專業課，再加上八門選修課。核心課程是每個學生的必修課，涵蓋外國文化、文學與藝術、歷史研究、道德推理、數量推理、社會分析等領域。各領域再細分為若干次領域，共有十一個次領域，每個次領域開設幾十門課程，供學生自由選擇。

在哈佛，連那些得諾貝爾獎的教授也一樣成天忙碌。在這樣的學校裡，別想混日子，出類拔萃更難，大家都玩命讀書。

人們在感嘆哈佛為什麼能夠成為培養精英的搖籃時，也應該反省一下，自己是否真的努力過？

有人說：「我不敢在家休息，因為我沒有存款；我上班不敢偷懶，因為我沒有成就；我不敢說生活太累，因為我只能靠自己。」很多人迫切尋求改變，而努力是你唯一能掌握的變數。當你對現實不滿的時候，你在做什麼？當你荒廢時間的時候，有多少人在努力？

凌晨四點半，當你還在睡夢中時，哈佛大學的圖書館裡還有眾多學子在勤奮學習。**比你聰明的人比你還努力**，這就是你趕不上別人的原因。

「凌晨四點半」是一個時間，而在哈佛，凌晨四點半是一種態度，一種不肯鬆懈一毫、不肯錯過一點點時間的積極進取的態度。對一個人來說，困難不在於某一天凌晨四點半的辛苦，而在於每一天凌晨四點半的堅持。每天的凌晨四點半，每天的辛勞與汗水。這條道路看似笨拙，可實際上，這才是通往成功那條路的不二途徑。

這本書會讓你看到：不斷努力，成為更好的自己，才能配得上更好的你。堅持夢想，腳踏實地去實踐，才能走進熠熠生輝的明天。承受孤獨，穿過荊棘，世界不曾虧欠每一個努力的人！

第 1 課

凌晨四點半，比你優秀的人還在努力

凌晨四點半，當你還在睡夢中的時候，哈佛大學的圖書館裡還有眾多學子在勤奮學習。比你聰明的人比你還努力，這就是你趕不上別人的原因。

堅守破釜沉舟的勇氣

如果我們的身後沒有退路，那麼，前進就是別無選擇的選擇。

——哈佛箴言

有的人做事總是前怕狼後怕虎，結果錯失良機；有些人卻有破釜沉舟的勇氣，繼而成就大業。

面臨無退路的境地，人才能夠最大限度地調動自己的潛能。只有這樣，才能從生活中爭得屬於自己的位置，逐漸使自己走向成功的隊伍。

一個留學生剛到澳大利亞的時候，為了找一份合適的工作來糊口，替人割草、放羊、收莊稼、洗盤子……

有一天，正在一家餐館洗盤子的他，偶然在報紙上看到了一條澳大利亞電信公司的招聘資訊。他選擇了線路監督的職位去應聘。過五關斬六將，眼看著就要得到那年薪很高的職位了，卻不想主考官問他：「你有車嗎？你會開車嗎？這份工作時常要外出，沒有車寸步難行。」

初來乍到，糊口都成問題，怎麼還會有車呢？但為了得到那個職位，他不假思索地回答：「有，會開。」

「那麼，三天以後，你開著車來上班吧。」主考官說。

幾乎身無分文的他為了生存，向他的一個朋友借了錢，在二手市場上買回一輛舊得不能再舊的汽車。

第一天，他看朋友開車。

第二天，他顫抖著雙手歪歪扭扭地開車。

第三天，他開著那輛老爺車，左右搖晃著去上班了。

最後，這位留學生成為那家電信公司的業務主管。

在一次戰役中，有一位將軍率領的部隊被逼到了離地中海很近的地方。他在反攻前夕向士兵發表了簡短的演說：

「記住，你們已經沒有退路了，你們的背後就是地中海。你們必須勇敢地向前，向前！」

結果軍心大振，反攻大獲全勝。

將自己置身於懸崖上的破釜沉舟的勇氣，從某種意義上說，是給自己一個向成功的高地衝鋒的機會。

塑膠花為李嘉誠掘得平生第一桶金，他也因此贏得了「塑膠花大王」的稱號，使他從一個窮小子成為一名富商。

一九五八年，長江公司的營業額已達一千萬港幣，光淨利就有一百萬港幣。長江公司的塑膠花牢牢佔領了歐洲市場。穩固歐洲後，李嘉誠又轉向北美市場。

一家銷售網遍佈美加的最大生活用品公司準備到香港實地考察，李嘉誠果斷拍板：一定要拼盡全力抓住這個大客戶。

憑藉與歐洲批發商做交易的經驗，李嘉誠在公司高層會議上宣布了一項石破天驚的決定：

「一周之內，將塑膠花生產規模擴大到令外商滿意的程度。」

這是李嘉誠做生意這麼多年來，最大、最倉促的一次冒險。他孤注一擲，幾乎是拿多年經營的事業來賭博。

李嘉誠一向作風穩健，可這一次，他別無選擇。要麼徹底放棄，要麼全力一搏。無法想像一周之內形成新規模的難度有多大。首先要另租一座占地約一萬平方英尺的標準廠房，然後將舊廠房退租，搬遷原有的可用設備，購置新設備，改建新廠房，新聘工人……

李嘉誠和全體員工一起奮戰了六個晝夜，每天只睡三四個小時。第七天，這家公司購貨部經理抵達香港。最後，美國人當即對李嘉誠說：

「好，我們現在就可以簽合同。」

如果當時李嘉誠沒有拿出破釜沉舟的勇氣，可能不會成就今天的事業，成為華人富豪。所以，當千載難逢的機會降臨到普通人的面前的時候，當某件事情的發展到了一個生死攸關的時刻時，需要你有一點破釜沉舟、置之死地而後生的精神。

你為什麼一直窮

人生在不斷地改變中得到成長，安於現狀的年輕人一定懷著一顆蒼老的心。

——哈佛箴言

中國有句俗話：「再窮不能窮三代，再富也不能富萬年。」沒有人願意始終生活在窮困的境遇中，窮是一個人的暫時處境。

「為什麼我是窮人，我怎樣才不再是窮人，怎樣做才能致富？」有頭腦的窮人每天都在思考著這個問題。這種無窮的渴望改變了一代又一代窮人的境況，為此，他們努力去學習科學技術，用知識來武裝頭腦，用學問來改變命運。

成功學說：「**沒有做不到的事，只有不會變通的人。**」正所謂沒有變化就沒有生機，沒有變化就沒有發展，我們貧窮，就在於我們一直死守貧窮的現狀。窮人懂得變通才能致富，「變」的方向和路徑的選擇，往往決定人的物質厚度。

世間大部分的貧窮都是不思變的結果。如果你堅決地要求改變，並且不斷地奮鬥去取得富裕、充足，總有一天能夠擺脫貧困。窮人要改變自己的思維，改變自己的看法，不要拿保守給自己安於現狀的心當藉口。

只有不滿現狀的開拓者，才能獲得更多的成功。突破現狀需要相當的勇氣才能做到，因為維持現狀比較容易，而且不會產生麻煩。一般人都有一種想法，以過去的經營方式照樣能活下去，所以絕不會輕易去改革。

觀念保守者絕不願意蛻變，但是維持現狀不求改變總有一天會走下坡路，窮人要革自己的窮命才會有出路。

在絕望中尋找希望

如果你失去未來的方向，不知所措，疲倦絕望；那麼，黑暗來臨，生命陷入困境。

——哈佛箴言

俞敏洪（北京新東方集團創始人及校長，現任新東方教育科技集團總裁）說道：「可以說我們生活的百分之八十是由不如意和絕望組成的，而你的精神之所以不垮，就是因為在絕望中還保留著希望的種子。新東方是自己出國夢想的廢墟上長出的一棵新苗，一次次絕望境遇的突破令它茁壯。」

黑暗不是絕境，而是為了讓你更容易捕捉到希望的光亮，哪怕它很微弱。

俞敏洪高考三次才考上大學，他在筆記本上寫下一句著名的格言：「在絕望中尋找希望，人生終將輝煌。」

俞敏洪回憶說：「我進了北大以後，沒有做出什麼值得驕傲的事情。在北大六年沒談戀愛，還得了肺結核。在北大教書，什麼成就也沒有。聯繫美國學校，三年半沒有一所大學給我獎學金，最後還被北大加了一個一級行政機構處分。」

為了挽救顏面，俞敏洪不得不離開北大。這時，俞敏洪突然發現人生有走投無路的感覺，生命和前途似乎都到了暗無天日的地步。

「我覺得老天對我是如此不公平，我這個人很不錯，為什麼讓我受這麼多的苦難？但是後來我發現，之所以經歷這麼多的波折，之所以最後去不了美國，是因為冥冥之中有一個新東方學校在等著我。」

儘管留學失敗，俞敏洪卻對出國考試和出國流程瞭若指掌。儘管沒有臉面再在北大待下去，俞敏洪反而因此對培訓行業越來越熟悉。正是這些，幫助他抓住了個人生命中最大的一次機會：創辦北京新東方學校。

當人進入一個黑暗的房間，開始也許會因為恐懼大喊大叫，但眼睛慢慢就會適應，在黑暗裡模糊地辨認方向或物體。很多人生的轉捩點也是這樣，最初你也會驚恐地喊叫，但接下來要做的就是冷靜下來，摸索著向前尋找可以幫助你走出黑暗的東西。這時候，你會發現黑暗反而是有益的，哪怕是很小很弱的一點光亮，你都能第一時間發現。

有時候，你也許要在黑夜裡走很長一段路，中間也許會絆倒、會受傷，心裡的恐懼也有增無減。但只要你不放棄尋找，光明就一定會到來。

失聰的南非游泳選手泰倫斯・帕金，在雪梨奧運會男子兩百米蛙泳中摘下一枚銀牌。

游泳選手都是在號令發出後躍入泳池的，但是失聰的泰倫斯是如何判斷跳水的時間呢？

原來，大會允許泰倫斯的教練希爾在起跳臺附近放一個閃光裝置。號令發出時，希爾同時按動按鈕，泰倫斯看到裝置上的紅燈亮起旋即起跳。

泰倫斯喜歡游泳，十二歲的時候，一個偶然的機會被游泳教練希爾相中。良好的天賦加上刻苦的訓練，泰倫斯迅速在南非泳壇嶄露頭角。

對泰倫斯來說，失聰並非全然壞事，因為他可以不受比賽現場雜訊的干擾，專注於自己眼前的水道。

每個人都能夠找到屬於自己的舞臺，只要不失去勇氣和堅強。其實，上天賜予每一個人的困難和機會都是一樣多，關鍵看你有沒有用心發現，能不能努力把握，也許再堅持再努力一些，就會找到突破自我的機會。只有當黑暗和痛苦是上帝賜予的禮物，才能蛻變成長。

哈佛人認為，**只有在天空最黑暗的時候，才能看到天上的星星**。正如《侏羅紀公園》中的臺詞：「生命自會找到出路。」任何人都可以為自己找到一條出路，雖為殘障者，但是失明者耳朵特別敏銳，失聰者眼睛特別銳利，命運讓人在某一方面有缺陷，必在另一方面補強。

人的一生，難免會因為疾病、貧窮、戰爭等原因遭受挫折，能夠克服困難、不向惡劣環境低頭的人，最後一定會獲得成功。

扼住命運的咽喉

不要相信命運是上天註定的，要相信命運由自己主宰。

——哈佛箴言

為什麼很多人很普通，就是因為他們缺少堅忍的意志，怕苦怕累，半途而廢。要想改變人生命運，擺脫草根生活，就需要你有堅定的決心。

意志薄弱的人經受不起各種艱難困苦的考驗，只有那些遇到困難依舊百折不撓的人，才能夠脫穎而出，成為英雄。

大多數人小時候都有過學騎自行車的經歷，父母會跟你說：「當你摔倒一百次的時候，你就學會了。」像小孩子從蹣跚學步到穩健前行一樣，每一個成功的人都從自己的失敗中汲取了無數經驗。

有時候，你覺得自己不夠成功，只是因為失敗次數還不夠多。比如，想要挖一口井，水層在地下二十米，這時即使挖到地下十九米都是失敗的，但反過來想一想，如果沒有這前十九米的失敗，就不可能有第二十米的成功。

日本日產汽車推銷之王奧城良治曾經說：日本汽車推銷員拜訪顧客的成功率是三十分之一，也就是說每拜訪三十位顧客，就會有一個人買車。

他明白，只要鍥而不捨地連續拜訪廿九位後，第三十位就是買家了。他拜訪了無數個人，失敗了無數次，最終創造了汽車銷售業績奇蹟。

為了發明有效的藥品，德國醫學家歐立希廢寢忘食地學習前人的經驗，翻閱了大量的資料。他和他的助手在實驗室裡不停地對染上疾病的小白鼠用各種各樣的化學藥物進行治療。好幾百種藥物全都試過了，已經耗費了上千隻小白鼠，依然沒有效果。

為了加快實驗的進度，歐立希決定日夜奮戰在實驗室裡，晚上就在長椅上睡覺，枕頭是幾本書。他們用來實驗的化學藥品已經超過六百種之多，有一位朋友勸他不要再白費力氣了。

但他依然堅持說：「實驗一定要繼續進行下去，一定要找到這『神奇的子彈』。」

他相信無數次的失敗其實是開啟成功的鑰匙，科學探索就是建立在無數次之上的。

在不懈地努力下，歐立希和他的助手們實驗的編號六〇六的化學藥品經受住了考驗。一批批得病的小白鼠只要打一針這個藥品，就可以恢復健康。此藥品命名為「六〇六」，正是象徵著他六百零五次的失敗實驗。

對此，諾貝爾文學獎得主羅曼・羅蘭說：「累累的創傷，便是生命給予我們最好的東西，因為在每個創傷上面，都標誌著前進的一步。」這無疑是最好的總結。

堅強的意志、頑強的毅力等品質，對事業成功、生活的順遂起著重要的作用。泥濘的道路並不可怕，可怕的是失去對生活的熱忱。跌倒了，你只不過失去了一次前進的機會，但失去了熱忱卻損傷了靈魂。只有咬牙扼住命運的咽喉，才能使自己直面慘澹的光景，最後突破重圍，成為一顆耀眼的明星。

生活的結果取決於你的選擇

如果你選擇的是平淡安逸，那麼結果肯定是碌碌無為。

——哈佛箴言

「什麼樣的生活才是我想要的？」很多人都問過自己這個問題，但依舊沒有結果。

這些人總是覺得自己有些迷茫，明明有很多的想法，但總有懶惰的理由和藉口不去實現。很多人都是做一天和尚撞一天鐘，時間就在這樣的日出日落中慢慢消逝。

若是想要自己的人生有所改變，就不能再像以前一樣迷迷糊糊地過下去了，每個人都有權利選擇自己的生活方式，你此刻所經歷的生活都是自己選擇出來的，如果你選擇的是平淡安逸，那麼結果肯定是碌碌無為。

上天是公平的，唯有心無旁騖、身體力行者才能有充實的內心，過上自己選擇的生活。

巴赫在《幻覺》裡寫道：「少了實現願望的能力，就不可能許下願望，但無論如何還是要這麼做。」徒有夢想，永遠無法獲得滿足感。無論追求名利、愛情或事業，都要付諸行動。如果你不想過「日出而作日落而息」的平淡生活，就要調整自己的生活，努力奮鬥改變現狀。

你的今天是你的昨天所決定的，你的今天將決定你明天的生活。來到這個世界不是你的選擇，但活在這裡是無法逃避的現實，如何面對世界的態度是可以選擇的。既來之則安之，生活的結果最終決定於自己的選擇。

有時貧窮也是一種財富

貧窮本身不可怕，可怕的是自認為命定貧窮，或者必須老死於貧窮的心念。

——哈佛箴言

俗話說：「人窮志不窮。」當你不斷地被貧窮折磨時，對財富的欲望和追求就會變強，好的想法會不斷地湧出，並具有超群的行動力。

許多人總以為自己已經盡了最大努力同貧窮奮鬥，實則沒有。就事而論，世間許多的貧窮，都是由懶惰所造成的，都是由奢侈浪費及不願努力、不肯奮鬥所造成的。

羅瑪納・巴紐埃洛斯是位墨西哥女生，十六歲就結婚了，婚後生了兩個兒子。後來，丈夫離家出走，羅馬納獨自一人養活兩個孩子，生活過得非常艱辛。但是，她決心謀求一種令她自己及兩個兒子感到體面和自豪的生活。

她用一塊頭巾包起自己的全部財產，去了美國，在德克薩斯州安頓下來，開始在一家洗衣店工作。那時候，她一天僅賺一美元，但她從沒放棄讓兩個兒子過上受人尊敬的生活夢想。於是，口袋裡只有七美元的她，帶著兩個兒子來到洛杉磯尋求更好的發展機會。

她找到什麼工作就做什麼，只要能賺到錢就行。等她存夠了四百美元的時候，她和她的阿姨共同買下一家店面。她們的玉米餅非常成功，還開了好幾家分店。後來，羅瑪納乾脆買下阿姨的股份。不久，她成為全美最大的墨西哥食品批發商，擁有員工幾百人。

後來，她還和朋友在東洛杉磯創立了「泛美國民銀行」。主要是為美籍墨西哥人所居住的社區服務。她的故事在洛杉磯被傳為佳話。

後來，她成為美國的財政部長。

即使出身貧窮，你也能夠通過自立自強、頑強拼搏來獲得財富，實現富人夢。

你還在貧窮，是因為你沒有盡最大的努力走出困境、擺脫貧窮。大部分貧困者的通病，是他們沒有建立可以脫離貧窮的自信和獨立的意識。他們已經同貧窮妥協，認為貧窮是他們應有的命運。

在自立自強的人看來，貧困是激發他們向上的催化劑，不斷與生活和命運抗爭，成為生活中的強者。可是在不能自立的人看來，貧困是一個枷鎖，讓他們不得不放棄努力，不得不唉聲嘆氣。

第 2 課
願你的青春不負夢想

每個人內心深處都有一個「哈佛夢」。對於每一個渴望成功的人而言，哈佛不僅是一所名校，更是一種精神的指引。

年輕就是本錢

年輕人最需要的就是一個人過一段沉默而執拗的日子，沉浸在充滿力量的奮鬥中。

——哈佛箴言

越來越多的年輕人為了夢想而離家遠行，於是有了「北漂」或「海漂」。每一個漂泊者都有自己的故事，或許充滿榮光，或許飽含辛酸，又或許平平淡淡。但無論結局如何，他們都很少後悔自己的選擇。

人生最痛苦的就是後悔當年不曾為了夢想而勇敢地闖蕩，最遺憾的便是不曾為了未來而放手一搏。對年輕人來說，磨礪才叫生活。

風險與機遇並存，機遇與風險同在。年輕時，如果總是怕失敗、怕風浪，躲在家裡，就永遠也不會碰見機遇。

聞名世界的石油大王洛克菲勒就是在風險中抓住機遇的。

在美國南北戰爭前，時局動盪不安，各種令人不安的消息不斷傳出。人們都在忙著守護自己的家庭和財產，洛克菲勒卻在思考如何從戰爭中獲取附加利益。

「戰爭會使食品和資源匱乏，會使得交通中斷，使得商品市場價格急劇波動。」他想，「這不是金光燦爛的黃金屋嗎？走進去，一會定滿載而歸的。」

那時候，洛克菲勒僅有一家小經紀公司，他決定豁出一切去拼一下。在沒有任何抵押的情況下，洛克菲勒用他的想法打動了一家銀行的總裁，籌到了資金。然後，他便開始了走南闖北的生意之路。

一切都如他預想的那樣，第四年，他的經紀公司的利潤是預付資產的四倍。在第一筆生意結帳後不到半月，南北戰爭爆發了，緊接著，農產品價格又上升了好幾倍。洛克菲勒所有的儲備都為他帶來了巨額利潤。

經過了這件事，洛克菲勒記住了一個秘訣：

「機遇就在於動盪之中，關鍵在於敢於投身進去拼搏闖蕩。」

哈佛管理學院的學者說：「趁著年輕出去闖一闖吧，世界上最悲慘的事情，莫過於年輕人總安於現狀地宅在家裡不思進取。」

滿足於平庸生活的人是可悲的，當一個人滿足於現有的生活時，他便開始退化了。敢於闖蕩的人總會發現一些新的東西，或者創造一些新的東西，並且總能想到別人想不到的地方。敢為天下先，這是成功的必要精神。

像分配財產一樣來計畫你的生命

時間比任何商品都更有價值，因為它是無價的。

——哈佛箴言

「好無聊啊。」「真沒意思，不知道幹什麼。」你是不是經常發出這些感嘆呢？那麼，不妨作一個關於生命時間的計算：

假設一個人能活八十歲，每天睡覺八個小時，一生將有廿三萬三千六百個小時用在睡覺上，大約是九千七百三十三天，合廿六年七個月。那麼，這個人還剩下五十三年又五個月的時間做其他的事情。

再扣掉每天吃飯、休閒、娛樂等時間，大約只有十八年又一個月的時間用來投身自己喜歡的事業。所以，一個人一生的時間並不是很多，一寸光陰一寸金，寸金難買寸光陰。所謂的「窮忙族」之所以比任何人都忙碌，工作也更辛苦，往往是隨意揮霍時間的關係。如果對時間進行有效控制或管理，就會「忙而不窮」。

商界精英鮑伯・費佛每個工作日做的第一件事，就是將當天要做的事分成三類：第一類是能夠帶來新生意、增加營業額的工作；第二類是為了維持現有狀態的工作；第三類是必須做，但對企業和利潤沒有任何價值的工作。

在完成第一類工作之前，鮑伯絕不會開始第二類工作；在完成第二類工作之前，也絕不會著手進行第三類的工作。

「我一定要在中午前將第一類工作完全結束。」鮑伯給自己規定。因為上午是他認為自己最清醒、最有建設性的時間。

「我必須堅持養成一種習慣：任何一件事都必須在規定好的幾分鐘、一天或一個星期內完成。每件事都必須有一個期限。堅持這麼做，你就會努力趕上期限，而不是無休止地拖下去。」

鮑伯真正做了時間的主人，那麼又有多少人能做到呢？高爾基曾說過：「人從他出生的那天起，就一天天接近死亡。」人的一生是有限的，時間總是在不斷減少和失去，你無法創造，也無法花錢去買。在日常生活中，人們常說自己花了多少時間去做某件事。實際上，時間恰恰比任何商品都更有價值，因為它是無價的。

法國著名作家凡爾納每天早上五點鐘就會起床，然後一直伏案寫到晚上八點。

在這十五個小時中，他通常只在吃飯時休息片刻。但是他並不與家人坐在一起吃飯，通常都是妻子給他送到他寫作的地方，他搓搓酸脹的手，拿起刀叉，以最快的速度填飽肚子，抹抹嘴，又拿起筆。

他的妻子看他如此辛苦，心疼地問：「你寫的書已不少了，為什麼不休息一下呢？」

凡爾納笑著說：「你記得莎士比亞的名言嗎？放棄時間的人，時間也會放棄他，我哪能不快點呢？」

在幾十年的寫作生涯中，凡爾納的筆記有上萬冊，寫了一百零四部科幻小說，共有七八百萬字，這是一個相當驚人的數字。

一些人悄悄地詢問凡爾納的妻子，想打聽凡爾納取得如此成就的秘訣。凡爾納的妻子坦然地說：「秘訣就是凡爾納從不放棄時間。」

許多人都認為，人與人之間之所以有窮有富，完全是因為環境、機遇、能力及性格等方面的差異造成的。然而，正如愛因斯坦所說：「**人的差異在於利用閒置時間。**」

澳大利亞著名生物學家亞蒂斯十分珍惜自己有限的時間，為自己定下了一個制度：睡覺之前必須讀十五分鐘的書。不管忙到多晚，哪怕是清晨兩三點鐘，他進入臥室以後也一定要讀十五分鐘的書才肯入睡。

這個習慣他整整堅持了半個世紀之久，他一共讀了八千兩百三十五萬字、一千零九十八本書，最終成為了文學研究家。

充分利用每一分鐘的閒置時間，每個人都可以從根本上改變自己的命運。

興趣是努力的方向

如果你迷茫，那是沒有找對未來的方向。慢下腳步，才能知道你真正想要的。

——哈佛箴言

人應該學會讓自己換一種活法，不為他人的言語和決定而改變自己的意願，人生自會愜意無比。因為喜歡，所以快樂，沉醉其中而樂此不疲。金錢和名譽都是可有可無的附加值。若是束縛太多，無法做自己想做的事，久而久之一定會身心疲憊、無所適從。

著名作家略薩曾說：「我敢肯定的是，作家從內心深處感到寫作是他經歷過的最美好的事情。因為對作家來說，寫作是最好的生活方式。」

兩個男孩在廁所中相遇，一個男孩找另外一個戴帽子的男孩借了點手紙。出了廁所之後，兩個人邊走邊聊。

戴帽子的男孩說：「我很煩惱，家裡人一直逼著我學鋼琴，可我怎麼也彈不好。」

借手紙的男孩說：「彈鋼琴一點都不難，我五歲就開始彈了，可是家裡人總逼著我寫詩。天啊，我怎麼寫得出來？」

戴帽子的男孩一聽，笑著從包裡拿出了一遝稿紙，說：「這個給你吧。拿回去交差。我最喜歡寫詩。」

故事中那個不愛學琴的男孩，正是大詩人歌德；而那個不愛寫詩的男孩，則是音樂家莫札特。他們面臨的選擇顯而易見，那就是自己的夢想和家人的期待。若是你，你會怎樣選？

人一定要做自己喜歡、想做的事，如此才能夠快樂。或許在過程中會遭到周圍的人或環境的阻礙，但不該就此放棄自己的意願，有些事一拖延可能就是一輩子。

日本最年輕的臨終關懷主治醫師大津秀一，在多年行醫的經驗基礎上，在親自聽了一千例患者的臨終遺憾後，寫下《臨終前會後悔的廿五件事》一書。其中有很多都涉及「沒有做自己」，比如，沒做自己想做的事，被感情左右度過一生，沒有去想去的地方旅行，沒有表明自己的真實意願，等等。

人之所以會作保守的選擇，是因為怕失去。但想想看，人總會離開這個世界，卻什麼也帶不走。若是曾經追求了夢想，至少還有回憶，人生重在體驗，而不是手裡有什麼。你若是真的愛自己，就該為自己的夢想而拼搏，不留任何遺憾。

總會聽到有人抱怨，如果當初怎樣怎樣，現在就能如何如何。可是，時間的大門一旦關閉就不可能再開啟，人生就是一場單程的旅途，沒有回頭的路。生活太累，太多遺憾，就是因為給了自己太多束縛，不敢打破規則，追求最初的夢想。

學會把自己的感覺叫醒，放開心胸，放下種種擔心和顧慮，勇敢地向著夢想前進。無論別人如何看，你都可以過得很快樂，因為這才是真正屬於你的人生，屬於你的幸福。

人生太短暫，時間不等人，有些事情現在不做，就再也沒有機會做了。趁著自己還沒有麻木，趕緊去追求自己最初的夢想吧。

沒有理想就學不會飛翔

世界上最快樂的事，莫過於為理想而奮鬥。

——哈佛箴言

海闊憑魚躍，天高任鳥飛。許多的人都將自己不能成功的原因歸結於沒有一個好的平臺，因為環境不佳，所以跳不高、飛不遠。認為不是自己不願付出努力，而是始終都得不到一個飛翔的機會。

其實，每個人都蘊藏著「另一個自己」——那就是你的理想。理想就像是翅膀一樣，你的夢想有多大，你的未來才有多寬廣。

一天，一個調皮的男孩在家裡附近的一座山上發現了一個鷹巢。他從巢裡拿了一顆鷹蛋，帶回養雞場，並讓一隻母雞來孵。於是，小鷹就在雞群裡慢慢地長大了。

起初，這隻小鷹很滿足，過著和雞一樣的生活。但是當牠逐漸長大，心裡便有一種奇特不安的感覺。

有一天，一隻雄鷹在養雞場飛過，小鷹感覺心猛烈地跳著，一種想法出現在心中：「我要飛上青天，棲息在山岩之上。」

牠從來沒有飛過，心情非常複雜。當牠展開雙翅，飛過一座矮山頂時，牠的內心更激動了。牠想飛到更高的山頂上，最後終於衝上青天，到達高山的頂峰。

高爾基說：「一個人追求的目標越高，他的才力就發展得越快。」在自己的心目當中，你認為自己是什麼，最終就會成為什麼。

中國「萬通地產」董事長馮侖極為看重理想的價值。在多年的商業生涯中，馮侖多次談到理想，並強調堅持理想是一切成功者共同具備的素質，商人也不例外。在大多數人看來，商人都是功利主義者，似乎與「理想」二字風馬牛不相及。但實際上，馮侖通過自己的體驗和觀察發現，所有成功的商人都是有理想的，甚至可能是理想主義者。

馮侖對於理想的理解是，一個人如果沒有了理想，就會喪失前進的動力。理想是一種力量，可以轉化為樂觀主義的精神和無限的毅力。馮侖這樣寫道：「許多成功的人都是樂觀主義者。樂觀來自哪兒？主要是有一個信念，看到未來理想實現時的光芒。登山中，你一看到山頂的時候，腳下的每一步艱辛都認為是值得的。理想可以轉化為一個人樂觀主義的精神和無限的毅力。」

在馮侖看來，人的一生有兩個時間段很重要，十五至二十歲確定自己的理想，決定你想做個什麼樣的人，內心的英雄目標是什麼。二十至廿五歲開始進入社會，你跟什麼人在一起會決定你的一生。在這兩個時間段，第一階段毫無疑問更為根本，對於人生的大方向起到了基礎的作用。理想的確定，就像是確定人生海洋中的航標，不管中間經歷多少跌宕起伏、千迴萬繞，都會向著這個航標前進。

美國心理學家佛隆有一個著名的「**期望理論**」，即：**激勵力量＝效價期望值**。

這一理論的基本觀點是，人們有了某種需要，就會產生一定動機，進而引起行為去實現目標。當目標還沒有實現的時候，這種需要就會變成一種期望，而期望本身就是一種強大的力量。

巨大的能量來自於每一個微小的阻力

一無所有往往是迫於無奈，你終有一天能通過自己的努力和奮鬥走出困境。

——哈佛箴言

小小的水滴力量微弱，可在長年累月的堅持下，它能滴穿堅硬的石頭。人可以脆弱，但不能一直脆弱。在困難面前，你可以恐懼，但不能退縮，要有水滴一樣的韌性，追隨著自己的內心，在時間的跑道上，不抱怨、不放棄，最終走到心中的目的地，與最好的自己相遇。

有一位著名的推銷大師，一生中取得了無數輝煌成就。年老的時候，他不再致力於推銷各種商品，而是四處演說，傳授推銷技巧。

有一次，他接受邀請，進行一場演說。人們早早地坐進了會堂，等候推銷大師的到來。

帷幕拉開時，人們看到舞臺的中央擺放著一個架子，架子上吊著一個巨大的鐵球。推銷大師走上台後，向人們鞠了一躬，台下響起熱烈的掌聲。接著，大師邀請兩位強壯的聽眾，給他們兩個大鐵錘，讓他們對著鐵球敲，直到鐵球能夠盪起來。

剛開始，這兩個聽眾信心滿滿，畢竟他們有的是力氣。可奇怪的是，他們用力地敲過去，鐵球紋絲不動，還將他們的手臂震得發麻。不管他們怎樣用力，鐵球就是不動。

兩個聽眾回到聽眾席。推銷大師沒有說什麼道理，只是從口袋裡掏出一個小鐵錘，然後對著鐵球輕輕地敲了一下。停頓過後，他再次用小鐵錘擊打鐵球。就這樣，他敲一下，停一下，整個過程持續了整整四十分鐘。

最開始的十分鐘，人們還很淡定。二十分鐘過去後，一些人看上去有些浮躁。三十分鐘過去後，整個會場都開始騷動。四十分鐘後，有個坐在前排的人突然說道：「鐵球動了。」

這時，整個會場瞬間安靜下來，人們聚精會神地觀察鐵球。這個球雖然擺動的幅度很小，但是仔細觀察就會發現它確實在動。即便這樣，大師仍舊沒有停下來，依然敲打著鐵球。最終，鐵球越盪越高。

大師指著晃動的鐵球說：「成功就是簡單的事情重複去做。以這種持續的毅力每天進步一點點。當成功來臨的時候，你擋都擋不住。這就是所謂的鐵球效應。」聽後，全場爆發出熱烈的掌聲。

任何成功都不是一蹴而就的，而是積累而來的。沒有人能夠一步跨過滄海，但是只要有一葉扁舟，就能助你到達成功的彼岸。當然，關鍵在於你是否懂得堅持。堅持是一種不放棄的決心，說來簡單做來難。正是因為如此，能夠品嘗到成功滋味的人只是極少數。努力的人不一定能成為偉人，但一定不會成為庸人。你是自己人生的創造者，這種喜悅是別人羨慕不來的。

人生的成功貴在爭取，不論生活給了你怎樣的磨難，只要堅持不懈，成功一定會對你露出笑臉。

努力奮鬥，你也可以創造奇蹟

名人是在創造奇蹟之後才被人們關注的。在這之前，他們與普通人沒有任何區別。

——哈佛箴言

奇蹟不是瞬間創造的，而是在無數次的奮鬥中爭取來的。也許一個人奮鬥的理由很平庸，但是這依然無法阻止在奮鬥中誕生的奇蹟。正如居里夫婦獲得諾貝爾獎，他們創造奇蹟不是為了得到榮譽與獎章，而是生活的樂趣，在快樂的生活中最容易創造成功的奇蹟。

在人們眼中，什麼樣的人才能創造奇蹟，什麼樣的人才有機會成為舉世矚目的英雄？必然是那些繼往開來的歷史人物，是那些改變自己和他人命運的成功者。然而，這一少數人群是在創造奇蹟之後才被人們關注的。在這之前，他們與普通人沒有任何區別。可以說，成功者引領著時代與潮流的發展，大多數人所作出的改變也只是跟從。每個人都有創造奇蹟的可能，每個人都具備創造奇蹟的能力，你需要做的就是想著我們的夢想不斷奮鬥。

歷史是在奇蹟中改變的，然而，現在有很多人不相信奇蹟，而是選擇服從命運。在這些人看來，奇蹟非常遙遠，也並不重要，甚至與自己無關，只要守好自己的一畝三分田，溫飽一生足矣。

有人認為拿破崙是一位天生的領袖，因為他可以在舉手投足間就改變一支軍隊的想法。這份自信來源於他堅持如一的信念，來源於他長期不斷的奮鬥。

拿破崙的一生中就創造過無數的奇蹟。一八一四年，第六次反法聯盟佔領了巴黎。同盟軍要求法國立即無條件投降，並威脅拿破崙必須退位，否則處以極刑。

退位後的拿破崙被流放到地中海的一個小島上，在這裡待了一年多才成功地逃了出去。千辛萬苦逃出小島的拿破崙帶領著一千人的隊伍又重新返回法國。

聽到這個消息後，當時的法國國王路易十八馬上派出大軍去捉拿拿破崙，隨從勸拿破崙趕快帶領隊伍到其他國家躲一躲，等風聲過去後再伺機回國。沒想到拿破崙說：「我為什麼要逃跑呢。我是他們的領袖，他們是我的士兵，為何領袖見到士兵要逃跑呢？」

正是帶著這種信心和執著，拿破崙帶領隊伍繼續向巴黎行進，結果前來緝拿拿破崙的軍隊，卻成了他的隨從。

路易十八萬萬沒有想到，當拿破崙再次回到巴黎時，已經是帶領著十四萬正規軍和二十萬志願軍的首領人物。路易十八慌忙逃跑，拿破崙再次登上了皇位。

在拿破崙的內心中，自己永遠是一個王者。即便是在被流放的階段，拿破崙在小島之上仍然保持著皇帝的稱號，並且思考著如何重新登上法國皇帝的座位。在這種堅定的信念下，拿破崙的每一項舉措都帶著明確的目的性，並且他在思想深處認定自己絕對可以重新拿回失去的一切。

在奇蹟創造者的眼中，他們並不是在創造奇蹟，而是在完成一項工作或實現自己的夢想。甚至，他們創造奇蹟並不是夢想的重點，只是一個過程。他們不在乎過程中贏得了多少榮耀，贏得了多少讚賞，因為這些在他們的心中已然不重要。

創造奇蹟的人必定擁有足夠的自信，哈佛大學研究發現，每一個創造奇蹟的人有一個共同點：他們注重的是過程而不是結果。雖然結果可以令自己產生奮鬥的動力，但是過程更重要。過程是一種享受，是一種經驗積累。只有重視過程的人才能獲得成功，而忽視過程的人往往會失敗。

創造奇蹟的力量來源於平凡中的不懈努力、沉澱、積累，然後爆發。創造奇蹟的人可以是世界上的每一個人，只要學會奮鬥，那麼奇蹟離你就不再遙遠。

第 3 課

你一定要努力，但千萬別著急

哈佛人提醒，做事若急於求成，就會像饑餓的人乍看到食物一樣，狼吞虎嚥，反而會引起消化不良。請記住，你一定要努力，但千萬別著急。

成功就是慢慢地磨

急於求成的結果，只能適得其反，結果只能功虧一簣。

——哈佛箴言

渴望成功的心態誰都能理解，但是成就一番事業並不容易，不要一開始就盯著成功不放。做事若急於求成，就會像饑餓的人乍看到食物，狼吞虎嚥，反而會引起消化不良。

太想贏的人，最後往往很難贏；太想成功的人，往往很難成功；太想到達目標的人，往往不容易到達目標。過於注意就是盲人，欲速往往不達，凡事不可急於求成。相反，以淡定的心態對之、處之、行之，以堅持恆久的姿態努力攀登、努力進取，成功的機率會大大增加。

一次電視節目中，兩名大學生滔滔不絕地向談論自己的項目，其中一個大學生豪氣沖天地說：「給我投資一千萬，明天就能分紅，後天就能變成兩千萬！」

馬雲聽後，並沒有對他們表示讚賞，反而對他們說：「如果我是你們，五年內我不會創業。我會去找一個公司，踏踏實實地工作五年。」

然後，馬雲給他們講述了自己一段鮮為人知的往事。

二十世紀八〇年代，馬雲就讀於杭州師範學院，一心想做出一番宏圖偉業。當老師顯然與他創業理想差距很大，他感到頗為迷茫，於是來到校門口閒逛散心。

有一次，他在校門口溜達，碰見了校長，便向校長訴苦：「我希望能夠自己去創業，當一名教師實在心有不甘。」

校長沒有多說什麼，只是要馬雲許下一個承諾：「到某個學校去，五年不許出來。」馬雲並不懂得校長這麼做的真實意圖，但出於尊重，他答應了。

到學校教書後，一個月工資只有幾十元。起初，馬雲勤懇工作。

後來，一個巨大的誘惑擺在了面前——深圳一家單位邀請他加盟，月薪一千兩百元。何去何從？馬雲想到自己的承諾，咬咬牙，堅持了下來。

第三年，海南一家公司開出月薪三千六百元，而學校還是幾十元的工資。馬雲思忖再三，還是決定堅守承諾。就這樣，他在學校裡教了五年書，失去了很多眼前的利益，卻得到一樣讓他終身受用的東西：「懂得了什麼叫作浮躁，什麼叫作不浮躁。」

馬雲說：「我就要讓他們看看我是如何把這艘萬噸巨輪（阿里巴巴）從珠穆朗瑪峰頂抬到山腳下。因為我沉得下來，我懂得怎麼去把點點滴滴做好。」馬雲一步一個腳印，創造出阿里巴巴的神話，敲開了財富之門。

當今社會，很多初入職場的年輕人只要覺得現有的工作不符合自己的價值觀、志向和興趣等，便毅然跳槽。這些年輕人，其實都有遠大的志向，唯一缺少的就是沉下心來，在工作中積累足夠的經驗，培養自己的能力，同時也讓自己沉澱一下，擁有一個踏實的心態。只有沉得下去，才能「浮」得上來。

所有的攀登都從山腳開始

向山頂攀登的每一步都丈量著山峰的高度。在人類社會中，無數的渺小成就了偉大。

——哈佛箴言

征服了珠穆朗瑪峰的人都在珠峰腳下邁出了第一步，從來不曾有人一躍登頂。事業上的成功也是一樣，需要你腳踏實地。

現在的強者，何嘗不是曾經的弱者？幾乎所有人在剛開始工作的時候，都是從卑微的工作崗位做起的，這幾乎是成功的定律。

現在，有很多有抱負的年輕人都希望通過自己創業，獲得人生事業的成功，成為一個家財萬貫的成功人士。這些人的起點可能很低，但這並不意味著他們不能成功。「卑微」是指工作崗位的不起眼，而不是說人格卑微。也就是說，大部分人從事的可能是一個非常不起眼、不重要的職位，但這並不意味著要低人一等。沒有人可以一步登天，都需要從微小的事情做起。

很多家喻戶曉的成功人士都是從「不起眼」做起的。他們沒有通向成功的直達電梯，只能爬樓梯，一步步爬向成功。他們最終成功了，無數的卑微成就了偉大，這就是成功的奧秘。

人生之路上必然是荊棘滿地。想成功的人很多，但很多人缺乏行動的勇氣和面對困難繼續堅持的毅力。有千千萬萬的人都做著微不足道的工作，每天晚上都會設想自己成功的無數種可能。

但是，他們總抱怨自己生不逢時，沒有一份前途光明的工作，沒有一個可以發展的平臺，沒有貴人相助。因此，他們天天向旁人傾訴著自己無比遠大的理想，卻重複著自己一成不變的工作和工作態度。

要堅持，但不要執著錯誤的方向

只有經常調整自己的人生航向，不斷修正自己前進的方向，才能充分認識到自己在社會上的價值，找準自己的位置。

——哈佛箴言

生活並不原諒盲目者，越是繞圈子，得到的進步就越少。生活也會回饋努力的人，只要你善於及時調整航向，堅持走下去，就一定能到達令人仰慕的成功彼岸。

歐洲有一位著名的登山運動員在阿爾卑斯山區失蹤。當人們在十三天後找到他時，發現他居然就在離最初失蹤地點六千米遠的地方。

有人問他這些日子究竟幹了些什麼，他的回答則讓人吃驚：

「自從迷路之後，我每天依然保持走十二小時的路程。當時我一直認為，只要自己堅持走下去，不用幾天就會走出山區。誰料到我竟會在原地繞圈子呢？」

盲目地繞圈子，在生活中並不鮮見。人們有時禁不住浮華世界的種種誘惑，拋棄了心中的理想，失去了奮鬥的目標；有時沉浸在細微小事上，拘泥於陳腐教條，做事放不開手腳、邁不開步子；有時驕傲自滿，夜郎自大，卻成了井底之蛙，等等。這些都會成為人生道路上的十字路口，從而使你不知不覺地偏離方向和目標而步入誤區。

船舶遠航與飛機飛行，必須用高度精密的現代化儀器來指示方向，這樣才能安全順利地到達目的地。要實現自己的人生夢想，也應該經常調整航向，不斷修正自己前進的方向。

只有經常地酌情調整自己的人生航向，不斷修正自己前進的方向，才能充分認識到自己在社會上的價值，找準自己的位置。千萬不能為了趕潮流、湊熱鬧而迷失了自我。「跟著感覺走」是不行的，毫無激情、無可奈何地在人生航線上隨波逐流，只能使自己的一生碌碌無為。

真正的聰明是不耍小聰明

聰明並不代表智慧，很多人在不同的方面都有些小聰明，但真正有大智慧的人寥寥無幾。

——哈佛箴言

人有些小聰明是好事，但不應當將所有的希望和事物的成敗都寄予自身的小聰明上。更多的時候，人們需要的是腳踏實地的努力，而不是投機取巧。

哲學家柏拉圖和他的學生走在路上。這名學生是柏拉圖的得意弟子之一，很聰明，總是能在很短的時間之內領會老師的意思；很有潛力，總是能提出一些具有獨特視角的問題；也很有理想，一直希望自己能夠成為像老師一樣偉大的哲學家。所以，他常常自視聰慧，不願意在學識上多下功夫，自認為聰明能敵過他人的努力。

柏拉圖一直想找一個合適的機會讓學生自己意識到他的這一缺點。一天，柏拉圖看到他們前面不遠處有一個很大的土坑，這個土坑周圍長有雜草，人們只要稍加注意就可以繞過這個土坑。

柏拉圖知道他的學生在趕路時經常不注意腳下。於是，他指著遠處的一個路標對學生說：「這就是我們今天行走的目標，我們兩個人今天進行一次行走比賽如何？」學生欣然答應，然後就出發了。

學生步履輕盈，很快就走到了老師的前面。

柏拉圖看到，學生離那個土坑近在咫尺，便提醒學生「注意腳下的路」，學生卻笑嘻嘻地說：「老師，我想您應該提高您的速度了，您難道沒看到我比您更接近那個目標嗎？」

他的話音剛落，柏拉圖就聽到「啊」的一聲叫喊，學生已經掉進了土坑裡。這個土坑雖然沒有讓人受重傷的危險，但足以使掉下去的人無法獨自上來。學生現在只能等著老師過來救他了。

柏拉圖走過來了，並沒有急著去拉學生，而是意味深長地說：「你現在還能看到前面的路標嗎？根據你的判斷，你說現在我們誰能更快地到達目的地呢？」

聰明的學生已經完全領會了老師的意思，羞愧地說：「我只顧著遠處的目標，卻沒走好腳下的每一步路，看來還需要向老師虛心學習呀。」

哈佛大學指出，一個人擁有智慧的頭腦是值得驕傲的，但是聰明並不代表一切。聰明是天賦，是先天的優勢，但是成功等於百分之一的天賦加上百分之九十九的汗水。倘若你比他人有天賦，那說明你比他人離成功更近，有更多的本錢走上成功的捷徑，但並不代表著成功。如果僅僅想要依靠天賦來成就一番事業，而不願意腳踏實地，即使有再高的天賦也是無用的，因為成功還必須有付出和努力。

一個人如果把心思過多地用在小聰明上，必定沒有精力去開發和培植他的大智慧。聰明和智慧是兩個不同的概念，智慧有益無害，聰明益害參半，把握得不好的小聰明會貽害無窮。

擁有小聰明的人往往急功近利，看不到長遠的利益。相反地，具有大智慧的人很少會在眾人面前炫耀自己的聰明才智，更不會自作聰明地幹一些小事。

從前有個小男孩，非常聰明。在長久的誇獎聲中，他漸漸地開始偷懶，想靠投機取巧來獲得成功。

這天，小男孩有幸和上帝進行了對話。

小男孩問上帝：「一萬年對你來說有多長？」

上帝回答說：「像一分鐘。」

小男孩又問上帝：「一百萬元對你來說有多少？」

上帝回答說：「相當一元。」

小男孩對上帝說：「你能給我一塊錢嗎？」

上帝回答說：「當然可以。請你稍候一分鐘。」

一位哲人說過：「投機取巧會導致盲目行事，腳踏實地則更容易成就未來。」成功需要智慧，更需要腳踏實地地付出。人要站得穩才會走得遠，投機取巧走捷徑或許在一時能得到好處，但是因為沒有厚實的基礎，腳步太過於輕快，導致的結果只會是在長途跋涉中落後於別人。前進的道路就在你腳下，只有實實在在地走好每一步，才能更接近成功。

人生中的彎路也是一段風景

走彎路並不可怕，可怕的是糾結的內心遲遲不能放下。

——哈佛箴言

品慣了人生中的苦味的人，也能夠從中品嘗出無上的快樂。每個人都希望自己的人生一帆風順，但這樣的人生軌跡並不存在。彎路走得多了，放開心態，也能在彎路上多看一段風景。

面對生活中的彎路，你需要想得開。想得開是天堂，想不開是地獄。終有一天，當站在人生的下一個月臺回望，所有曾經承受的委屈和壓力都將釋然。正是那些曾經所走過的彎路，讓自己學到了如何應對人生，如何面對挫折，如何發揮潛能，全力以赴。走過彎路後，你會發現，是彎路讓自己的人生擁有了更多的可能。

生活的強者，只關乎心靈。塞涅卡曾說：「沒有比從未遇到過不幸的人更加不幸，因為他從未有機會檢驗自己的能力。」如何檢驗自己的能力呢？走一段彎路。在彎路中，總是在得到與失去的交替中，在渴求與放棄的轉變間，經歷著痛苦，同時感受著快樂。

走彎路很苦，其實苦的另一面是一種恩賜，因為伴隨苦難而來的，往往是一種超乎常人的堅強與不屈，而這種精神才是人生在世最為寶貴的財富。

洛克破產後，從一個大商人變成一個被人四處追債的窮光蛋，深切體會到生活的冷酷無情。他心灰意懶，萌生了結束生命的想法。

洛克回到了承載著他童年美好時光的鄉間小鎮。走累了的洛克在一片瓜地旁邊小憩。這時正是豐收的時節，空氣裡充盈著香甜的味道。好客的瓜農看到滿面愁容的洛克，豪爽地請他品嘗地裡的瓜。

瓜農熱情地對洛克講述前幾年收成如何不好，總是遇到天災蟲患，甚至突如其來的一場霜凍讓即將收穫的成果毀於一旦，一年的辛勤勞作全都白費了。

洛克感到有些意外，他脫口而出：「收成不好，你怎麼活下去？賺不到錢，耕種還有什麼意義？」

瓜農憨厚地笑著說：「再怎麼艱難，不都這樣挺過來了。你看，這不是豐收了麼。而且，正是之前的歉收才讓這次豐收顯得更有意義。」看著這個心事重重的年輕人，瓜農意味深長地繼續說道，「所有的經歷都是有意義的，只要你沒有放棄繼續依靠自己的雙手。」

一席話似一陣風吹走了洛克心頭的灰塵，讓他頓時醍醐灌頂。洛克謝過瓜農後，驅車返回，他決定重新來過。五年後，洛克的公司遍及全球，成了行業內呼風喚雨的人物。而走過的彎路，也成了他人生中最美的回憶，他倍加珍視。

每個人都曾暗自許願：希望人生之路能夠坦蕩無阻，希望得到體貼的關懷，希望煩惱和痛苦都遠離自己。然而，願望從沒有被滿足，你仍然在紅塵中掙扎。生命中那些源於心靈的痛苦時時折磨著你，使你不願意面對，卻又無法逃避。

人生的路上有很多的風景。對於很多風景，你無心欣賞，或者根本就錯過了，這是一種深深的遺憾。當你為了接近一個目的而遭遇了困難後，是否還能滿心歡喜地回憶起沿途的景色？如果能，你就是有大智慧的人。

學會選擇就是學會放棄

平凡的人不捨得放下微小的利益，整日徘徊其中，被困住了手腳。天長日久，發展為痼疾。如果放棄這些猶豫，不一定會完全成功，但至少擁有了放手一搏的可能性。

——哈佛箴言

要想得到野花的清香，就要放棄城市的舒適；要想得到永久的掌聲，就要放棄眼前的虛榮。放棄一棵樹，還會有整片森林；放棄馳騁原野的不羈，還會有策馬奔馳的自得。哈佛大學認為，人生其實就是選擇，**放棄正是一門選擇的藝術**，是人生的必修課之一。沒有果敢的放棄，就沒有輝煌的選擇。與其拼得頭破血流，倒不如瀟灑地揮手，勇敢地選擇放棄。歌德曾說：「生命的全部奧秘就在於為了生存而放棄無謂的生存。」

美國保險巨頭法蘭克・畢吉爾在其事業發展過程中首次遇到發展瓶頸。他付出幾倍汗水和努力，提升效果卻並不明顯。為此，他非常苦惱，經常一個人反覆思索，尋找破解的辦法。

幾經輾轉，他發現這樣一個怪現象：在他一年所賣的保險中，有百分之七十是第一次見面成交的，有百分之廿三是第二次見面成交的，只有百分之七是第三次見面以後才成交的。而花費在百分之七業務上的時間幾乎佔用了他工作時間的一半以上。

這個發現引起他的思索：「如果把第三次見面的時間用於開展新業務，那樣一來，效果又會怎樣？」

於是，他果斷採取新的推銷策略，即放棄第三次見面那百分之七的利益，不再為它的誘惑所動。這樣，他就可以騰出大量時間用於新業務的拓展。這樣一來，他的業務開始蒸蒸日上，很快開闢新的工作領域，成為保險業的巨頭。

電影《臥虎藏龍》裡有這樣一句很經典的話：「當你緊握雙手，裡面什麼也沒有；當你打開雙手，世界就在你手中。」只有懂得放棄，才能在有限的生命裡活得充實、飽滿、旺盛。事實上，在人生的發展道路上，有些人什麼都不想捨棄，這樣做的結果往往是效率低，所得利益也少。其實，有的時候，有意識、有組織地捨棄一些東西，可能會獲取更大的利益。

「新東方」的創始人之一王強，在每一次回到起點的時候，都有許多人為他惋惜。看到今天的「新東方」的時候，又有無數羨慕的聲音。他的成功，除了才智與奮鬥，更重要的是一種識時務、敢於放棄的膽量。

很多成功的人都懂得放棄的藝術，像比爾・蓋茲、李彥宏，每一次的放棄不是拋出，而是解放能升值的資本。其實，他們的目標始終沒變：「要成功，要震撼這個世界。」後退是為了更好地前進，放棄是為了曲線前進。無論做什麼，讓優秀成為一種習慣，讓每一步都接近優秀。

成功有的時候就是看你肯放棄人生的百分之幾，越是肯捨棄就越會收穫成功。有時，勇於放棄也是一種智慧。放棄代表一種終結，同時意味著另一種開始。現在的路不適合你，不如勇敢地放棄，進行重新選擇。那麼，你的人生也許會出現另一番美麗的風景。

保護好你內心的那一份孤獨

不能忍受孤獨的人是一個靈魂空虛的人。
——哈佛箴言

哈佛大學指出，人雖然是社會動物，本性卻是孤獨的。正如張藝謀所說：「每人都有孤獨感，喧囂中的人，內心可能是孤獨的。這種孤獨是與生俱來的，有人多些有人少些，但內心都渴望被安撫、理解。」沒有人願意與孤獨為伴，但只要生活在這個世界上，就逃不掉孤獨的糾纏。

黎巴嫩作家紀伯倫說：「孤獨是憂愁的伴侶，也是精神活動的密友。」如果把孤獨、寂寞看成痛苦，就會做出那樣逃避孤獨的舉動，讓自己成為寂寞的俘虜；然而，現實生活中常常有這樣的體會，在經歷一陣喧嘩之後，獨坐靜思，細細品味人生中的某個細節，會感覺神清氣爽、心靈舒暢。這時候，孤獨是一種快樂了。只有獨自面對大海時，才能感受到大海的內涵；只有獨自登上山頂時，才能感受到山川的意志。獨自面對大自然，才能和大自然真正溝通，正如徐霞客的旅行一般。

徐霞客的一生是孤獨而有詩意的一生。他廿二歲離家旅行，幾十年的考察主要靠徒步跋涉。他尋訪的地方，多是荒涼的窮鄉僻壤，或是人跡罕至的邊疆地區。

他不避風雨，不怕虎狼，以野果充饑，以清泉解渴。他孤獨，卻也並不寂寞，因為享受與長風為伍的自在，享受與雲霧為伴的生活。他在孤獨中找到了自我，把自己的經歷和感悟寫進日記裡。在殘垣老樹之下，他傾聽大自然的聲音。在荒村、破廟，他獨自燃起篝火，享受獨處的幸福……

有一次，他出遊不久就遇到了強盜，行李與旅費被洗劫一空，還險些喪命。有人勸他回去，並要資助他回鄉的路費，他卻說：「我帶著鐵鍬出來，什麼地方都可以埋葬屍骨。」

俄國著名作家列夫·托爾斯泰為了免受干擾，專心寫作《復活》，將自己鎖在房間裡，對僕人說：「從今天起，我死了，就葬在房間裡。」僕人按照他的吩咐，對所有來訪者說：「先生死了，死在誰也不知道的地方。」直到《復活》定稿，托爾斯泰才「死而復生」。

一八三〇年，法國作家雨果同出版商簽訂合約：「半年內交出一部作品。」雨果把身上所穿毛衣以外的衣服全部鎖進櫃子裡，並且把衣櫃鑰匙丟進湖裡。就這樣，他徹底斷了外出會友和遊玩的念頭，因為根本拿不到外出的衣服。

他鑽進小說裡，除了吃飯和睡覺，從不離開書桌，結果作品提前兩周脫稿。而這部僅用了五個月時間就完成的作品，就是後來聞名於世界的經典文學作品《鐘樓怪人》。

盧梭曾說過：「我獨處時從來不感到厭煩，閒聊才是我一輩子忍受不了的事情。」消極地對待孤獨，生活就是悲哀的；善於和孤獨相處，則能發現真正的快樂。和孤獨交朋友，是一門藝術，也是人生的一種境界。

第 4 課

最大的謊言就是「你不行」

哈佛學子認為，在每個平淡無奇的生命中都蘊藏著一座豐富的金礦。哪怕僅僅是微乎其微的一個優點，只要肯深入挖掘，都會挖掘出寶藏。

在人生路上做自己的主人

做人最可貴的莫過於堅持自己的看法，而不是盲目從眾，這樣才不會在別人的觀點裡迷失自己。

——哈佛箴言

生活中，虛心地接受別人的意見有助於自己更快地成長，可是過分地依賴別人的意見會使你喪失主見。義大利作家但丁說過這樣一句話：「走自己的路，讓別人去說吧。」很多人明白這個道理，但是能夠做到這一點的人少之又少。人們總是太過在意別人的眼光，如果有人說你的衣服難看，第二天你絕不會再穿；當別人說你的聲音不夠甜美，那麼你就會很少說話。

人們每做完一件事，總是依靠別人的評價給自己打分，別人的看法會牢牢印在腦海之中，好的評價使人心情愉悅，那些不好的評價則給生活帶來無盡的困擾。

在當今社會，你不可能獨立生存，可是不能讓別人的議論成為你生活的風向標。總是記得別人的議論，這是沒有主見、沒有自信的表現，它不但會影響你的生活，還會讓你的心態更加消極，甚至不敢自己尋找未來，而是從別人的眼中尋找未來。

費曼是美國的科學奇才，婚姻生活幸福，一直是朋友羨慕的對象。有一次，費曼的妻子給身在普林斯頓的費曼寄來一盒鉛筆，上面用一行金色的字表達心中的愛意：「親愛的查理，我愛你。」

費曼覺得這禮物是很好，但是如果和朋友討論問題時被看到，別人會怎麼想呢？他不好意思用這些筆。可是又捨不得浪費，於是便刮掉鉛筆上的字再用。

第二天，費曼收到妻子寄來的信，一開頭就寫著：「你想把鉛筆上的字刮掉嗎？你難道不以擁有我的愛為榮嗎？你為什麼要管別人怎麼想？」

看到這段話，費曼非常震驚。「是啊，我為什麼要管別人怎麼想？

生活是自己的，人生也是自己的，為什麼要活在別人的議論中呢。」

受到妻子的啟發，他決定寫一本書講述自己一生經歷，以「你為什麼要管別人怎麼想」當書名。在這本書中，他記述了和妻子的感情、生活逸事和他自己在科學上的重大突破。

人生短暫，需要你把握的東西有很多。如果你總是按著別人的要求來做自己，這樣的人生是沒有意義的。在人生道路上，你只是別人眼中的一道風景，很快就會被人忘記。

當你付出太多的努力來達到別人眼中的完美時，別人也許早已喪失關注你的興趣。所以，不要過多地糾纏於別人的評價，要學會做自己的主人。

當你太過在意別人的評價時，就會在別人的讚美中迷失自己，更容易在別人的議論中丟盔棄甲，很難去堅持自己的想法和判斷。同時，太在乎別人的評價會讓你經常患得患失，害怕一切可能不好的後果。結果，自己承受的壓力越來越大，總是害怕別人注意自己的缺點或疏漏，而失去積極主動的活力。

哈佛大學認為，對於別人的評論應當學會釋然。太多的時候，你只是給自己不斷地施壓。許多東西是無法改變的，唯有坦然接受。無論在哪種場合，你都不必活在別人的世界。當你懂得了這個道理，就會體會到什麼才是真實的、無憂無慮的生活。

只有為自己而活，人生才能精彩。每個人都應該堅持走自己開闢的道路，不輕易受他人觀點所牽制。活著是為了充實自己，而不是為了迎合他人的意見。

每個人都是一座有待挖掘的金礦

很多時候，人們不敢相信自己，總是認為別人比自己要強很多，一件事情要得到別人的肯定才是正確的。其實這又何必呢？你自己本身就是一座金光閃閃的金礦，只是你沒有發現罷了。

——哈佛箴言

古希臘的大哲學家蘇格拉底在臨終前有一個遺憾：自己多年的得力助手，居然在半年多的時間裡沒能給他尋找到一個最優秀的閉門弟子。

事情是這樣的。蘇格拉底在風燭殘年之際，知道自己時日不多了，就想考驗一下他的那位平時看來很不錯的助手。

他把助手叫到床前說：「我的蠟燭剩不多了，得找另一根蠟接著點下去，你明白我的意思嗎？」

「明白，」那位助手回答說，「您的思想光輝應當傳承下去。」

「可是，」蘇格拉底慢悠悠地說，「我需要一位最優秀的傳承者。他不但要有相當的智慧，還必須有充分的信心和非凡的勇氣。這樣的人選，直到目前我還未見到，你幫我找一位好嗎？」

「好的。」助手很溫順很尊重地說，「我一定竭盡全力地去尋找，不辜負您的栽培和信任。」

蘇格拉底笑了笑，沒再說什麼。

那位忠誠而勤奮的助手，不辭辛勞地通過各種管道開始四處尋找傳承者。可他領來一位又一位，總被蘇格拉底一一婉言謝絕了。

當那位助手再次無功而返地回到蘇格拉底病床前時，病入膏肓的蘇格拉底硬撐著坐起來，扶著那位助手的肩膀說：「真是辛苦你了，不過，你找來的那些人，其實還不如你……」

「我一定加倍努力。」助手言辭懇切地說，「就算找遍城鄉各地，我也要把最優秀的人選挖掘出來。」

蘇格拉底笑了笑，不再說話。

半年之後，蘇格拉底眼看就要告別人世，最優秀的人選還是沒有眉目。助手非常慚愧，淚流滿面地坐在蘇格拉底的病床邊，語氣沉重地說：「我真對不起您，令您失望了。」

「失望的是我，對不起的卻是你自己。」蘇格拉底說到這裡，很失望地閉上眼睛，停頓了許久，才又不無哀怨地說，「本來，最優秀的人就是你自己，只是你不敢相信自己，才把自己給忽略了。其實，每個人都是最優秀的，差別就在於如何認識、發掘和重用自己……」話沒說完，蘇格拉底便離世了。

那位助手非常後悔，甚至自責了整個後半生。

為了不重蹈那位助手的覆轍，每個嚮往成功、不甘沉淪的人都應該牢記先哲的這句至理名言：「**最優秀的就是你自己。**」你自己就是一座金礦，關鍵是你如何看待、發掘自己。如果你堅信自己是塊寶石，那麼你就是一塊寶石；如果你堅信自己能成功，那你就一定能成功。

約翰在中學的時候由於學習不積極，成績很差，每次考試總在倒數幾名上徘徊。老師一直說他無可救藥了，同學們也看不起他。為此，他一直很沮喪，覺得這輩子不可能有什麼出息了。

期中考試剛結束，老師興奮地在班上宣布，有位著名的學者要到班上做個實驗。約翰隱約聽到同學竊竊私語地說：「知道嗎？這位學者是研究人才心理學的，據說他有一種神奇的儀器，能預測出誰未來會獲得成功。」

約翰在心裡想：「這和我沒有關係。」

同學們都忐忑不安地期待著這位學者的到來，並渴望著看看那個神奇的儀器。約翰也很好奇，那個能窺探未來的神奇儀器是什麼樣子。

這位學者終於來了，他是個大鬍子的中年人，看不出有什麼特別之處。令同學們失望的是，這位學者只是到班上轉了幾圈便沒了蹤影。

老師神秘地點了五個同學的名字，請他們到辦公室來一下，其中包括約翰。約翰以為自己又沒考好，要去挨訓。不過，優等生傑比也在場，約翰十分納悶，其餘幾個人也莫名其妙。

辦公室裡坐滿了老師，還有那位學者。

「孩子們，」這位學者和藹可親地說，「我仔細地研究了你們的檔案、家庭和現在的學習情況，我認為你們五個人將來一定會成大器，好好努力吧。」

約翰覺得一陣眩暈，以為自己聽錯了，可是看看在場別人的表情，他知道這是真的。

從辦公室出來，約翰覺得自己腳步輕鬆了許多，心想：

「原來我還有希望，這位學者是這麼說的，他的預測一向是準確的，我要好好努力。」

「這位學者說我會成大器的。」約翰一直這麼激勵自己。很快，他的成績就躍居班級前幾名。連老師為他講解時的目光也變得喜悅起來，再也沒人說他無可救藥了。

後來，約翰順利地從哈佛大學數學系取得了博士學位。

這個故事告訴人們一個道理：在你身上擁有的寶藏，就是潛力和能力。只要你不懈地挖掘自己的寶藏，積極地運用自己的潛能，就能夠做好你想做的一切，就能夠成為自己生活的主宰。

天才是放對位置的人

人人都有其優勢，而這優勢有待被喚醒。看見自己的天才，是敲開生命寶藏的一塊磚石。

——哈佛箴言

偉人愛因斯坦小時候學習成績一般。他的拉丁文老師很不喜歡他，罵他：「愛因斯坦，你長大以後肯定不會成器。」老師怕他在課堂上影響別的學生，還把他趕出校門。但他對數學、幾何和物理方面有著濃厚的興趣，憑藉這些方面的獨特優勢，他最終成了偉大的物理學家。

每個人都有自己的優勢，要懂得發揮自己的優勢，選擇屬於自己的人生路。也許這條路不是最好的，卻是最適合的。這樣，人生道路上才會灑滿陽光。

有一句話說得好：「天才是放對位置的人。」每個人都有自己的優勢，如果把它挖掘出來，好好利用，就會取得意想不到的結果。發揚自己的優點，才能真正地提高自己，使自己處於一個不敗之地。所以，相信自己，你並沒有你想像的那樣弱。

據美國社會專家研究，每個人的智商、天賦都是均衡的。即每一個人都會在擁有優勢的同時具備劣勢。那些成功人士並不是全才，而是他們懂得發揮自己的優勢、規避劣勢。你要看清楚自己的優勢，瞭解自己的長處，將自己的價值展現出來，這樣才會取得屬於自己的成功。

「灣仔碼頭」的冷凍餃子非常受歡迎，佔據了冷凍餃子市場的半壁江山，其創始人臧健和女士是在優勢行業創造財富的典型代表。

臧健和女士是山東人，對包餃子十分在行。年輕時，她輾轉來到了香港，開始了創業之路。

一開始，她進行過股票、房地產等投資，但都失敗了。

後來，她想到了自己包餃子的技術，就想著把它當成自己終生的事業來發展。她想：「自己對別的行業都不熟悉，可是包餃子非常熟練，這不就是自己的優勢嗎？優勢利用好了就是機遇啊。」

下定決心後，臧健和女士就開始包餃子的事業。

第一天賣餃子，她的心情忐忑不安。當時，有幾個打網球的年輕人，循著熱氣四溢的香味走了過來。他們說，從來沒見過北方水餃，想嘗一嘗。臧健和女士恭恭敬敬地把水餃端給他們，然後盯著他們的表情。沒想到，幾個年輕人異口同聲地說好吃，每個人都吃了第二碗。

就這樣，臧健和女士的事業順利開張了。不過時間一長，問題也就來了。有一次，她在碼頭賣水餃，發現一位顧客吃完水餃後，把餃子皮留在碗裡，她忍不住上前詢問。

那個顧客毫不客氣地告訴她說：「你的餃子皮厚得像棉被一樣，讓人怎麼下得了口。」

的確，臧健和女士最初的水餃是典型的北方包法，皮厚、味濃、餡多、肥膩，這並不適合香港人的飲食口味。於是，她針對香港人的口味對餃子加以改進，最後製作出了讓香港人稱讚的水餃。

就這樣，臧健和的事業一步步發展壯大，最終創立了「灣仔碼頭」品牌，成為華人地區銷量名列前茅的餃子品牌。

在事業成功後，她無盡感慨地說：「在我剛到香港的時候，好多人都勸過我做其他生意，可我說我就會包餃子。現在回過頭來再看，我的選擇是正確的。這個行業我非常熟悉，無論調餡還是擀皮，這都是我所精通的，這是我成功的關鍵。」

不管是從事何種職業的人，都必須認識自己的潛能，確定最適合自己的發展方向，否則很可能就埋沒了自己的才能，最終一事無成。俗話說：「女怕嫁錯郎，男怕入錯行。」只有找準自己的位置，你的才能才會最大限度地爆發。

每個人都有自己的優勢，因為人的興趣、才能、素質等都是因人而異的。只有找到了自己的優勢，你才能在相應的行業內做得得心應手，最終獲得成功。

放大你的天賦

尋找自己的天賦，並且盡最大的能力去發揮，就會把屬於你的美麗帶給身邊的人，從而將你的生活裝點得更加美好。

——哈佛箴言

「天生我材必有用」絕不是一句話，只要你找到自己的天賦將它發揚光大，事業上獲得成功、實現自身價值、擁有更好的生活都不是可望而不可即的事。

獅子再唯我獨尊，也不會去同大象比誰的鼻子長；豹子再不可一世，也不會去同鯨魚比誰的水性好；再強悍的人，也不會處處與別人的強項進行比較。因為對每個人來說，對自己真正有益處的事情，是要時刻發掘自己的天賦，建立自信和驕傲。

一九七八年四月一日，胡厚培迎來了他的第一個孩子——胡一舟。就像愚人節的玩笑一樣，他發現自己孩子智力有問題，並通過醫院得到了證實。醫生告訴他，舟舟的基因發生了變異，第廿一對染色體多了一條，這種情況在醫學上，屬於智力殘疾，並且是醫治不了的。

二十年的時光過去，胡一舟的智商一直在三十左右的水準，而正常人的智商則在七十以上。他直到八歲才會從一數到五，作業本裡只有一道「三加二等於五」的數學題。因為語言障礙，沒有邏輯思維能力，他無法上學，幾乎不識字。儘管父親不斷用自己的愛心和耐心來開發兒子的智力，不厭其煩地教兒子數數、寫簡單的字，但是，無論胡厚培動多少腦筋，製作多少卡片，舟舟就是學不會。

但是先天的愚鈍並沒有遏止舟舟對音樂的感悟，在樂團工作的父親經常把他帶在身邊，並參加樂隊的排練。或許是從小就不斷受到薰陶的緣故，長期的耳濡目染使舟舟愛上了音樂。當樂隊演奏的時候，他經常不由自主地舞動雙臂，好像他在指揮著樂隊演奏。一次偶然的機會，舟舟竟拿著指揮棒成功地指揮了樂隊的一次演奏，讓大家感到無比驚訝。

這個連最簡單的數字都不會數，甚至連自己的名字都不會寫的孩子，竟然能表現出交響樂中的節奏、強弱的轉換，並且把指揮的動作模仿得惟妙惟肖。

幾年以後，舟舟成了指揮家，聲名傳遍了世界。

如果教喬丹去踢足球，那麼將失去一位偉大的籃球巨星；如果教馬拉度納去打籃球，結果也一樣。天才只屬於某一專長的領域，不可能也沒有必要精通一切。在這個世界上並沒有全才，所以，一個人有某方面的缺憾，絕不代表他整個人生的失敗。請相信，每個生命都有他存在的理由，每個生命也都有他精彩的一面。

哈佛大學認為：**「想要成功，除了要加倍努力外，還要找到一條適合自己的路。」**當你選擇了一條適合自己個性的路時，你就會覺得每一步都走得很輕盈。

很多時候，追求完美的心態會令很多人一旦有了某種缺憾，便立刻一心想著去修補。但是反過來想想，缺憾本身不也是一種美嗎？即便不是美，拋開缺陷，總還有美的地方。為什麼不學會欣賞自己的美，而要苦苦去關注自己的不足呢？

只要滿懷信心地面對自己、欣賞自己，尋找自己的天賦，運用天賦的力量向著渴望的目標步步推進，成功早晚將會屬於你。

你要的不是模仿，而是創造

每個人都是這個世界獨一無二的個體，有著上天賦予的獨特能力和天賦，所以你沒有必要去羨慕別人，更沒有必要去模仿別人。

——哈佛箴言

模仿別人無法開創屬於自己的一片天地，唯有「肯定自己，扮演自己」，將自己擁有的特色發揮到極致，生命才能獲得精彩。好萊塢著名導演山姆・伍德曾經說過：「年輕演員最重要的是保持自我。」如果你陷入模仿別人的怪圈中，永遠不能展現出真實的自我。

每個人都有不同的特質。東施效顰為什麼很醜，就是因為東施把別人的「美」生硬地搬到自己身上。自己的才能才是適合你的，一味地模仿只會徒增煩惱。

哈佛大學認為，真實的自我能在關鍵時刻為人們的成功加重砝碼。因為，模仿他人，永遠得不到一個完整的自己，更不要說發展了。

福特汽車的製造商曾經這樣說：「所有的福特轎車從性能到款式完全相同。但是，對於它的使用者來說，我們卻找不出完全一樣的兩個人。」正是因為有所不同，才能發現一些旁人看不到的亮點。

每個人的個性、形象、人格都有其潛在的創造性，你完全沒有必要一味地模仿他人。成功學家卡內基有一句名言：**「整日裝在別人套子裡的人，終究有一天會發現，自己已經變得面目全非了。」**

有一隻麻雀總想學孔雀的樣子。孔雀高高地揚起頭，抖開尾巴上美麗的羽毛。「孔雀開屏的樣子是多麼漂亮啊。我也要像這個樣子。」

麻雀想，「那時候，所有的鳥兒一定會讚美我的。」於是，麻雀伸長脖子，抬起頭，深吸一口氣讓小胸脯鼓起來，伸開尾巴上的羽毛，想「麻雀開屏」。

麻雀學著孔雀的步法前前後後地踱著方步，可是感到十分吃力，脖子和爪子都疼得受不了了。最糟的是，黑烏鴉、金絲雀，甚至鴨子全都停下來嘲笑這隻學孔雀的麻雀。

麻雀面紅耳赤，心想：「當孔雀也當夠了，我還是當個麻雀吧。」

但是，麻雀忘記了原來走路的樣子。從此以後，麻雀只能一步一步地跳動，再沒法走了。

「總是模仿別人」是一個壞習慣，這種習慣會讓你變得更加沒有個性、沒有主見，甚至會失去自己原本擁有的優良品性。如果你善於發現自己的優點，敢於獨闢蹊徑，培養自己的個性，你將會成為一個與眾不同的人。

一味地模仿別人，盲目地去進行嘗試，有時非但不能取得成功，反而會得不償失。所有的樹葉看上去都一樣，仔細觀察後，卻會發現你不可能找到兩片完全相同的葉子。人亦是如此，每個人都有與生俱來的特質。正是有了這種差異，世界才會更加豐富多彩。

總之，在生活中，追求一個並不適合自己的模式的人很難獲得成功，也很難獲得幸福。保持自己的本色，在順其自然中充分發展自己是最明智的。模仿他人，你永遠只是一個無人賞識的贗品。

只要你願意，劣勢也可以扭轉

人的所有弱點都是可以轉化的，只要用足夠的時間來思考它。一旦真正開始思考自己的弱點，弱點就很可能變為長處，種種創新的可能性將不斷地湧現出來。

——哈佛箴言

這世上的每件事都存在著兩面性，有時看似完美的事，未必就代表著圓滿；反過來，有缺憾的事，有時可能從另一方面帶給人意想不到的驚喜。俗話說：「當上帝對你關上一扇門的時候，定會為你開啟一扇窗。」

「金無足赤，人無完人。」既然每個人都有他的缺點，那麼，何不忽略這一切，或是乾脆將所有的欠缺化作特色，活出自己的稜角和個性，演繹出自己的那份精彩。當你擁有了這樣的心態時，也就等於擁有了處事的精練豁達及寵辱不驚。不必去抱怨上天沒有把我們塑造得完美無缺、無懈可擊，因為完美並不意味著「一切都會好」，相反，缺憾也不意味著不能獲得成功，凡事沒有絕對。忽略缺陷而努力爭取成績，直到別人只看得見你的成就。

人們常說的一句話是：「失敗並不可怕，可怕的是不敢面對失敗。」而對於缺陷，人們要說的是：「有缺陷並不可怕，可怕的是總也忘不了自己的缺陷，而不懂得回避它、忽略它乃至遺忘它。」

美國總統富蘭克林・羅斯福曾經是一個非常膽小的男孩，他臉上的表情總是惶恐的，他的呼吸就像跑步後的喘氣一樣。一旦他被老師叫起來回答問題，立即就會雙腿發抖，嘴唇不停顫動，回答得也含糊不清，最後只能重新坐下來。此外，因為長有一口齙牙，也不討人喜歡。

換成其他的孩子，一定會對自身的缺陷十分敏感。但富蘭克林從不自我憐惜，依然保持著積極樂觀和奮發進取的心態。他的自信激發了他無限的奮鬥精神，天生的缺陷促使他明白自己更應該努力奮鬥。

他從不因為同伴的嘲笑而減少勇氣，他用堅強的意志克服著自己的緊張。他不因自己的缺陷而氣餒，正是憑著這種奮鬥的精神和積極的心態，他終於成了美國總統。

在他晚年時，已經沒有人再注意他曾有過的嚴重缺陷了。他用自己的人格魅力贏得了美國民眾的愛戴，成為美國連任四屆的總統，這種情況在美國的歷史上前所未有。

美國勵志大師史蒂克・錢德勒早年的一個弱點是同別人談話有障礙。他對自己同別人交談的能力沒有自信，因此養成了給別人寫信和寫便條的習慣，後來成了寫信和寫便條的高手。他把弱點轉化成了力量，寫的信和便條拓展了他的關係網。

哈佛大學認為，任何人只要願意控制自己的弱點，願意接受積極思想，就能夠使自己的弱點發生變化。

人都有弱點，不同的是，普通人讓弱點成為羈絆，一事無成；而成功者卻能克服甚至開發自己的弱點，將其轉化為優點。

世界是公平的，絕不會因為一個人身體有缺陷而剝奪他的成功與幸福，也不會因為一個人性格的靦腆而掩蓋他的榮耀和風采。每個人都有著相同的機會，就要看你是否有信心、有毅力去把握它了。

第 5 課
你的努力用對地方了嗎？

哈佛大學有一句名言：「不知道要去哪裡的人，哪裡也去不了。」

現在是你找準航向的時候了！

沒有目標，日子便會結束，像碎片般消失。

——哈佛箴言

沒有明確的目標，是人生最可怕的敵人。目標是一盞明燈，可以照亮前進的路；目標是一個羅盤，為人們指引人生的航向；目標是一個路牌，在人們感到迷茫的時候，為你指明方向；目標是一個火把，能讓潛能燃燒，幫助你飛向夢想的天空。

比塞爾是西撒哈拉沙漠中一個很有名的地方，每一年都有數以萬計的旅遊者來到那裡，它是撒哈拉沙漠中一顆璀璨的明珠。

比塞爾是一個景色宜人的地方，在還沒有被肯・萊文發現之前，那裡封閉而落後。對於每一個比塞爾人來說，他們從來沒有走出過這片沙漠，不是對這塊貧瘠的土地有多留戀，而是經歷過無數次的失敗，他們發現，要想走出去無異於天方夜譚。

肯・萊文偶然來到比塞爾，得知比塞爾人世代都無法走出大漠，感到有些不可思議。後來，為了證明這個說法，他雇用了一個當地人，讓他來帶路，看是否真如傳言所說的那樣。

肯・萊文帶了半個月的水，牽了兩頭駱駝，並沒有使用指南針等科學設備，只是拄了一根木棍，跟在當地人的後面，開始了他們的探險。

過了整整十天，肯・萊文和他的嚮導走了一千三百千米的路程。到了第十一天，他們又回到了比塞爾。

通過這一次試驗，肯・萊文終於明白了，比塞爾人之所以走不出去，是因為他們不會正確地識別方向。當他們在一望無垠的沙漠中行走的時候，只是憑著感覺往前走。

比塞爾處在浩瀚沙漠中的中間地帶，方圓上千里內沒有一個參照物。當地人沒有指南針，也不認識北斗星。因此，想要單靠感覺走出這片沙漠是萬萬不可能的。

在離開比塞爾之前，肯・萊文告訴他雇用的那個青年：「白天休息，夜幕降臨的時候，朝著北面的那顆星的方向走，一定能走出這片沙漠。」

青年人照著肯・萊文說的做了，果然在幾天之後就成功走出了沙漠。

這個青年人叫作阿古特爾，他是第一位走出比塞爾的當地人，從此被視為比塞爾的開拓者。小城的中央豎立著阿古特爾的銅像，銅像的底座上刻著一行字：「新生活是從選定方向開始的。」

人生的旅程就像是一個人走在無垠的荒漠中，沒有目標的指引，可能就會迷失方向，永遠走不出生活給你設定的圈子。只有擁有明確的目標，朝著正確的方向前進，人生才會充滿希望。

任何一次行動之前，最好給自己制定明確而有力的目標。如果缺少了目標，你往往會不知所措。希爾認為：「所有成功，都必須先確立一個明確的目標。當對目標的追求變成一種執著時，就會發現所有的行動都會帶領你朝著這個目標邁進。」

一個人要想成就一番事業，就應該有一個明確的奮鬥方向。如果沒有明確的目標，就好像迷失在沙漠裡一樣，只能徒勞地轉著一個又一個圈子。所以，要成功就必須有目標，它才是成功的起點。

生活中，誰都想很快地登上成功的寶座，誰都不願意讓自己站在一個低起點上去奮鬥拼搏。但每個人的實際情況截然不同，有的智商高，家庭條件好；有的不是很聰明，家庭條件不好。如果不管先天條件是不是一樣而強求的話，只會帶來不必要的包袱。所以，應該學著將自己的目標定得實際一點，這樣才能將目標變成真正的動力，而不是阻力。懂得放棄，其實也不失為生活的一種智慧，有時主動降低自己的起點，也會多一份自信，也會成功積累更多的資本。

一艘沒有航行目標的船，任何方向的風都是逆風。堅定的目標是成功的起點，明確而堅定的目標加上積極的心態，就是成功的開始。有了正確的意識和積極的心態，你就能看到周圍的一切都存在著無限的機遇與可能。在目標的伴隨下，你才會順風而行。

多設想一下若干年後的自己

如果一艘航行中的船沒有羅盤，它就不知道朝什麼方向航行，不知道什麼時間到達目的地。

——哈佛箴言

美國有一個研究成功的機構，曾經長期追蹤觀察一百個年輕人，直到他們年滿六十五歲。

結果發現，在這一百個人中，只有一個人非常富有，五個人經濟有保障，剩餘的九十四個人晚年生活十分拮据，可以說是失敗者。而這晚年拮据的九十四個人之所以會如此，並非因為年輕時努力不夠，主要是因為他們沒有選定清晰的人生目標。

從這個案例中能清楚地看到，擁有清晰的目標，會對未來的人生產生重大影響。這與學習是同樣的道理。當你在開始學習之前，應該好好思考一下學習的目的是什麼，僅僅是為了增加自己的學歷，還是要將所學的知識運用於實踐，或是其他什麼目的。只有先明確了目標，才能夠更好、更合理地安排自己的學習時間和學習內容。

有遠大的目標是好的，但是俗話說：「望山跑死馬。」通常，人們制定的遠大目標讓人看起來遙不可及。這時候，千萬不要被目標嚇倒，而是應該冷靜下來，分析自己距離目標有多遠，知道了自己與目標的差距，也就知道了自己該努力的方向和堅持的程度。畢竟只有一個遠大的目標還是不夠的，還應該明確自己與目標之間的差距，並依據差距來制定每一階段的精神目標。這樣一來，只要你努力完成下一個目標，就能一點點地縮短與最終目標的距離。

十九歲的邁克爾在休士頓的一家航太實驗室工作。雖然這裡待遇優厚，但是環境沉悶，邁克爾希望改變自己的現狀。他心中一直有創作音樂的夢想，但是不擅長寫歌詞，於是找到善寫歌詞的凡爾芮同他一起創作。

當凡爾芮瞭解到邁克爾對音樂的執著及目前不知如何入手的迷茫時，決定幫助他實現夢想。於是，凡爾芮問邁克爾：「你想像中的五年後的生活是什麼樣子的？」

邁克爾沉思片刻，說道：「五年後，我希望自己會有一張唱片在市場上銷售，我想住在一個有音樂氛圍的地方，能夠天天和世界一流的音樂人一起工作。」

凡爾芮說：「那麼，我們現在就看看你和你的目標之間的差距有多遠吧。現在，你有固定的工作，音樂創作的時間非常有限。而你想要達成夢想，音樂就是你生活和工作的主要甚至全部內容，這就是差距所在。」

凡爾芮繼續說道：「現在我們把你的目標反推回來。如果第五年你想有一張唱片在市場上銷售，那麼第四年就一定要和一家唱片公司簽約；第三年就要有一首完整的作品，可以拿給很多唱片公司聽；第二年，你一定要有很棒的作品開始錄音；第一年，你就要把所有準備錄音改好，然後逐一進行篩選；第一個月，你就要把目前手中的這幾首曲子完工；第一個禮拜，你就要先列出一張清單，排出哪些曲子需要修改，而哪些需要完工。你看，現在我們不就知道你下個星期應該做什麼了嗎？」

凡爾芮接著說道：「如果你五年後想要生活在一個音樂氛圍的地方，與一流的音樂人一起工作，那麼第四年就應該有一個自己的工作室或錄音室；第三年，你可能就得先跟這個圈子裡的人一起工作；第二年，你就應該搬到紐約或洛杉磯去住了。」

凡爾芮的一番話讓邁克爾大受啟發。很快地，他就辭職去了現有的工作，搬到洛杉磯。時隔六年，邁克爾的唱片大賣，一年賣出了幾千萬張，而且每天都與頂尖的音樂人在一起工作。正是凡爾芮冷靜地找出差距，並一步步地進行分析，給邁克爾指出了一條通往夢想的道路。

設想一下若干年後的自己，想像中的自己就是你奮鬥的目標。比如，今天的自己與十五年後的自己之間有什麼差別？找到差距以後，就該努力地提高自己，彌補差距，使自己距離目標越來越近。

在現實生活中，有許多人會因為目標過於遠大或理想過於崇高而輕易放棄，若能夠懂得為自己設定小目標便能夠較快地獲得令人滿意的成績，而每一個小目標都是按照自己目前所擁有的能力來制定的，只要努力就能夠完成。這樣一來，心理上的壓力也會隨之減小。當你逐步達成每一個小目標時，就意味著你總有一天會達到最終的目標。

享譽美國的零售業大王伍爾沃夫年輕的時候非常貧窮，曾經有一段時間生活在鄉下，一年中幾乎有半年的時間連鞋都穿不上。

最初，他向別人借了三百美元，開了一家所有商品的售價都是五美分的小店。雖然他在紐約設立的第一個店鋪因為營業額太低，經營失敗了。可是在以後的時間裡，他穩紮穩打、慢慢擴展他的事業。十年之後，他就有了十家分店。

之後，伍爾沃夫以自己的努力，一躍成為整個美國最聞名的投資者，他建立起了當時世界上最高的大廈，也就是紐約市鼎鼎有名的伍爾沃夫大廈。他用現金全額支付了高達一千四百萬美元的建築費用，甚至還在自己的住宅裡放置了一台價值十萬美元的管風琴。

伍爾沃夫的成功來自他母親傳授給他的積極向上的思想。

當他還是個窮小子的時候，每次遭遇挫折、感到垂頭喪氣的時候，他的母親前去看他，總是把他的手緊緊握住，並鼓勵他：「不要灰心，總有一天你會成為有名的富翁的。」於是，伍爾沃夫逐漸明確了自己的生活目標，並採取了一連串積極的行動。

一個沒有目標的人就像一艘沒有舵的船，永遠漂流不定，只會到達失望、失敗和喪氣的海灘。

美國財務顧問協會的總裁路易斯・沃克曾接受一位記者採訪。

記者問道：「到底是什麼因素使人無法成功？」

沃克回答：「模糊不清的目標。」

記者請沃克進一步解釋。他說：「我在幾分鐘前就問你，你的目標是什麼？你說希望有一天可以擁有一棟山上的小屋。這就是一個模糊不清的目標。問題就在『有一天『不夠明確。因為不夠明確，成功的機會也就不大。

「如果你真的希望在山上買一間小屋，你必須先找出那座山，找出你想要的小屋現值，然後考慮通貨膨脹，算出五年後這棟房子值多少錢。接著，你必須決定，為了達到這個目標，每個月要存多少錢。如果你真的這麼做，可能在不久的將來就會擁有一棟山上的小屋。但如果你只是說說，夢想就可能不會實現。夢想是愉快的，但沒有配合實際行動計畫就只是妄想而已。」

人生是一張單程旅行，人的時間和精力也是有限的。在這條單行線上徘徊、迷茫、迂迴的時間越長，生命消耗得就越快，為自己最想要的而奮鬥的時間、精力就越少。因此，人之初就要明確地瞭解自己想要什麼，如果連自己一生想要的是什麼都不知道，那還奢望能夠得到什麼呢？

所以，從現在開始，按照羅盤的指示駕駛人生的航船，向著目的地進發吧。記住，為自己想要的目標火力全開。不要為了航路上的小魚小蝦而耽誤航程，因為精力有限，要只做對實現目標有益的事。小草知道自己想要的是繁育成片的綠洲，樹苗知道自己想要的是成長為參天的大樹，雄鷹知道自己想要的是任由翱翔的蒼穹。牠們瞭解自己想要的是什麼，並致力追求，也因此成就了不同的生靈，那麼人又該是怎樣的呢？

人也同樣要明確自己想要的是什麼，只有明確這一點才能致力追求自己想要的東西，成就自己的人生。

學習也是如此，當你將自己的學習目標設定得十分遠大時，很可能自己就會先被嚇到。但是如果能夠根據自己的學習目標，將所要做的事情記在一張紙上，就成了一張表。等你養成這樣一個良好的習慣時，就會使自己每做一件事，朝自己的目標靠近一步。比如，你可以把目標分解，明確落實到每一天、每一個星期、每一個月甚至每一個季度。但只有計劃遠遠是不夠的，最重要的還是要付諸實踐來完成它。

要樹立人生目標，這樣你才知道生活的航向，才能懂得生活還有新的追求。但是比樹立目標更重要的是用行動去實現所謂的目標，只有下定決心，歷經學習、奮鬥、成長，才有資格摘下成功的甜美果實。

合理的目標是啟動潛能的催化劑

在現實生活中，有太多太多的人因為沒有目標而白白地耗費了一生。有了明確的目標，生活就有了方向，成功就有了希望。

——哈佛箴言

沒有目標，一切的想法都只是停留在空想之中；有了目標，人生才會有努力和奮鬥的方向，奮鬥也會變得更加有動力。

在任何年代、任何國家，大多數人只能做普通的工作，有普通的收入；少數人在高層作決斷。然而，人們往往忽視了，這些身處頂端的人也曾經處在底部，他們是一步一步地攀上金字塔的頂部的。

一九五二年，默多克的父親因病去世了，未滿廿二歲的默多克接手了父親在澳大利亞的報業集團。

經過思考、轉讓、合併，默多克保住父親的兩份報紙。他又擔任了《新聞報》和《星期日郵報》的出版人，兼併了《星期日時報》而後收購了《鏡報》，默多克決心以英國的《每日鏡報》為榜樣，辦好這份報紙。

《鏡報》的地位剛剛鞏固下來，默多克又轉向新的目標。他想創辦一份全國性報紙，這是默多克的願望。而創辦一份成功的全國性報紙，在大多數辦報人心目中只不過是一場夢。但默多克決心讓夢想成真。他斷定，一份嚴肅的全國性報紙一定會獲得成功，它將會是《紐約時報》和《華爾街日報》的一種混合體。經過不懈努力，《澳大利亞人報》誕生了。

許多人稱《澳大利亞人報》是默多克的另一面。因為這張刊載金融和政治事務的正經八百的日報，同那些通俗的大眾化小報形成了截然不同的兩個極端。事實上，這份報紙一直都在賠錢。為了榮譽，默多克一直堅持下去。直到十五年後，《澳大利亞人報》才開始贏利。

一九六八年，新婚不久的默多克登上了英倫三島。一到英國，默多克自然就想到了英國那份著名的報紙《每日鏡報》，可是時機還不成熟，他轉而把眼光瞄向了《世界新聞報》。經過一番周折，他掌握了這份報紙的主要股份。

默多克的報紙為迎合讀者口味，採用聳人聽聞的報導，這一點越來越受到一些人的批評。但默多克堅持強調，他只能為公眾提供他們喜聞樂見的東西。他的報紙銷量猛增而競爭對手一落千丈的事實，證明他的策略行之有效。

二十世紀七〇年代，默多克又買下了《太陽報》。一年之內，其發行量就從八十萬份猛增至兩百萬份！二十世紀八〇年代末期，這份報紙超過《每日鏡報》，成為英國最暢銷的日報之一，成為默多克的搖錢樹。這次成功，使默多克成了「百年不見的風雲人物」。

默多克的行事作風與成就，很難讓倫敦那些高傲而保守的人滿意，有人誹謗他是個「澳大利亞鄉下人」「骯髒的掘地佬」。為此，他十分惱火。在他看來，英國人是傲慢的，而倫敦的《泰晤士報》集中體現了這點。雖然不賺錢，卻有著極高的地位和影響。從二十世紀七〇年代以來，《泰晤士報》遭到嚴重的經濟危機。在這種處境艱難的時刻，默多克乘虛而入，成功收購了它，最終結束了其從不賺錢的歷史。

到了八〇年代末期，默多克佔有全英國報紙發行量的百分之三十五，成為英國報業的執牛耳之人。

默多克成功並不是一步登天的，即使他從一開始就有寬裕的環境，但今天的成功是靠他一個一個目標實現，最後積累下來的。直到今天，默多克依然沒有停止他擴張的步伐。當別人以為他進入電影領域後會停下來時，他又涉足了衛星電視領域、圖書出版領域。

成功者總是有目標的人，鮮花和榮譽從不會降臨到那些沒有目標的人頭上。有人懷著羨慕、嫉妒的心情看待取得成功的人，認為他們取得成功的原因是運氣好、有外力相助，於是感嘆自己的運氣不好。殊不知，成功者取得成功的原因之一，就是確立了明確的目標。一個人有了明確的奮鬥目標，也就產生了前進的動力。目標不僅是奮鬥的方向，更是一種對自己的鞭策。

只有確立了前進的目標，一個人才會最大可能地發揮自己的潛力。在實現目標的過程中，你才能夠檢驗出自己的創造性，調動沉睡在心中的那些優異、獨特的品質，從而鍛煉自己、造就自己。

生活的動力源於正確的目標

有限的目標會造成有限的人生。所以在設定目標時，要儘量伸展自己。這樣，你才能為充分發展自我奠定良好的基礎。

——哈佛箴言

人們問NBA籃球高手麥可・喬丹，是什麼因素造成他不同其他職業籃球運動員的表現，而能多次贏得個人或球隊的勝利呢？是天分，是球技，抑或是策略？他會告訴你：「NBA裡有不少有天分的球員，我也可算是其中之一。可造成我跟其他球員截然不同的原因是，你絕不可能在NBA裡找到我這麼拼命的人。我只要第一，不要第二。」

喬丹念高中一年級時，被學校籃球隊退訓。回到家，他哭了一個下午。在那個重大打擊下，很多人認為他可能就此決定不再打籃球了。可是他沒有，反而把這個教訓轉變為強烈的願望，為自己制定一個更高追求的標準。他的決定很堅決，由此改變了自己的命運，也讓籃球比賽的發展為之創造了新的紀錄。

他不僅要重新成為球隊的一員，並且還給自己設置了「只要第一，不要第二」的目標。

在高一的暑假中，他找到校隊教練克里夫頓‧賀林去尋求幫助，每天在他的指導下進行密集訓練。終於，他被選為校隊參加比賽。

十年之後，他更證明了NBA芝加哥公牛隊教練道格‧柯林斯的見解：「準備的越充足，幸運就越會跟著來。經常有很多人不願意給自己制定目標，因為害怕失敗所引致的失望，然而他們不懂得『設定目標乃是成功的基石』。」

你的目標中，必須含有某種能激勵自我拓展、自我要求的要素，而這些要素也會幫助你不斷成長、改變、進步。

一個真正的目標必定充滿挑戰性，正因為它具有挑戰性，又是由你自己所選擇的，所以你一定會積極地想完成它。換句話說，你的目標不僅是一種挑戰，也是激勵你的原動力。

哈佛大學這樣認為，遠大的目標就是推動人們前進的夢想。隨著這夢想的實現，你會明白成功的要素是什麼。沒有遠大的目標，人生就沒有瞄準和射擊的目標，就沒有更崇高的使命能給你希望。

正如道格拉斯・勒頓說的：「你決定人生追求什麼之後，你就做出了人生最重大的選擇。要能如願，首先要弄清你的願望是什麼。」有了理想，你就看清了自己想取得什麼成就。有了目標，你就有一股無論順境還是逆境都勇往直前的衝勁，目標使你能取得超越自己能力的東西。

如果你有方向，請行動起來

那些志存高遠的人所取得的成就必定離起點很遠。即使你的目標沒有完全實現，你為之付出的努力本身也會讓你受益終身。

——哈佛箴言

有一位父親帶著三個孩子到沙漠去捕捉駱駝。

父親問老大：「你看到了什麼？」

老大回答：「我看到了獵槍、駱駝，還有一望無際的沙漠。」

父親搖搖頭說：「不對。」之後，父親以同樣的問題問老二。

老二回答：「我看到了爸爸、大哥、弟弟、獵槍，還有沙漠。」

父親又搖搖頭說：「不對。」父親又以同樣的問題問老三。

老三回答：「我只看到了駱駝。」

父親高興地說：「答對了。」

上述的故事告訴人們，目標確立之後，就必須心無旁騖，集中全部的精力，注視目標，並朝著目標勇敢地邁進，這是邁向成功的第一步。

表現傑出的人士都是遵循著一條類似的途徑以達成功的，美國學者稱這條途徑為「必定成功公式」。這一途徑的第一步是要知道你所追求的，也就是要有明確的目標；第二步就是要知道該怎麼去做，否則你只是在做夢。

如果你仔細留意成功者，他們都遵循這些步驟。一開始先有目標，明確前進的方向，然後採取行動，接著是擁有判斷和選擇的能力，知道該如何去做，最後不斷調整，直到成功為止。

辛勤工作並不表示你真正投入工作了。同樣砌磚牆，有的人默默埋頭苦幹，覺得工作很無聊，但還是認命地做下去；有的人卻一面砌，一面想像這座牆砌成後的面貌，陶醉在工作中，工作不僅不讓他覺得無聊，還讓他有機會成為這一行的高手。

如果一個人知道自己的目標，並且能完全投入，機會就會不斷出現。人都有惰性，即使一心想成功的人，一樣有提不起勁的時候。不過，只要你承認這點，並堅持不向惰性屈服，你的成功便指日可待。

美國前總統柯林頓算不上天才人物，他能登上美國總統的寶座，與他中學時代的一次活動有關。

柯林頓的童年很不幸。他出生前四個月，父親就死於車禍。母親因無力養家，只好把出生不久的柯林頓託給自己的父母撫養。童年的柯林頓受到外公和舅舅的深刻影響，他從外公那裡學會了忍耐和平等待人，從舅舅那裡學到了說到做到的男子漢氣概。

他七歲隨母親和繼父遷往溫泉城，不幸的是，雙親之間因性格不合而發生激烈衝突。繼父嗜酒成性，酒後經常虐待柯林頓的母親，小柯林頓也經常遭其斥罵。這給從小就寄養在親戚家的小柯林頓的心靈蒙上了一層陰影。

不幸的童年生活，使柯林頓養成了盡力表現自己來爭取別人喜歡的性格。柯林頓在中學時代非常活躍，一直積極參與班級和學生會活動，並且有較強的組織和社會活動能力。他是學校合唱隊的主要成員，而且被樂隊指揮定為首席吹奏手。

一九六三年夏，他在「中學模擬政府」的競選中被選為「參議員」，應邀參觀了首都華盛頓，這使他有機會接觸到的政治。此次華盛頓之行是柯林頓人生的轉捩點，使他的理想由當牧師、音樂家、記者或教師轉向了從政，夢想成為甘迺迪第二。

有了目標和堅強的意志，柯林頓此後三十年的全部努力都緊緊圍繞這個目標。上大學時，他先讀外交，後讀法律——這些都是政治家必須具備的知識修養。離開學校後，他一步一個腳印：律師、議員、州長，最後是美國政治家的巔峰：總統。

要達成偉大的成就，最重要的秘訣在於確定你的目標，然後為之全力以赴，這樣才能贏得輝煌的人生。

夢想的達成，少不了目標的管理

人生就像爬階梯一樣，必須一步一階，絲毫取巧不得。只要一步一階，終必抵達山頂。

——哈佛箴言

查理・庫冷先生曾以一種有意義的方式表示了他的創意。他說：「成為偉大的機會並不像急流般的尼亞加拉瀑布那樣傾瀉而下，而是緩慢的一點一滴。」

哈佛認為，目標也是這樣。當你有一個大目標時，一下子實現並不是那麼容易，要化整為零，將大目標分解為小目標。你把一個個小目標實現了，離大目標也就越來越近了。

制定了目標，是不是就一定萬事大吉了呢？俄國著名作家列夫・托爾斯泰曾給自己確定了一個生活的準則，他強調「人活著要有生活的目標：『一輩子的目標，一段時間的目標，一個階段的目標，一年的目標，一個月的目標，一個星期的目標，一天、一小時、一分鐘的目標。』」有了目標，你還要為實現目標寫計畫。也就是說，把大目標分解為一個個具體可行的小目標，每天都努力地向目標靠近，哪怕每天靠近一點點，也不要將自己的目標束之高閣。

比如一個人，他的人生目標是當一位有知名的骨科醫生，為所有骨科患者服務。現在看來這個目標或許太大，無法實際操作。因此要進一步分解，他的目標可以分解為高中每學年的目標，初中每學年的目標，每學期的目標，每個月的目標，每天的目標。將大目標變成了每天都可以操作實踐的小目標，這樣就可以使人堅持不懈地督促自己。

當然，不同的目標有不同的分解方法。之所以這樣做，是為了保證目標的連續性和可操作性。只有每個小目標實現了，你的大目標才有可能變為現實。千萬不要好高騖遠，制定的目標一定要切合自己的實際情況。如果你好高騖遠，所制定的目標無法實現，那就毫無價值了。

在人生的道路上，每一個人最初之時都有遠大的目標。可是，最終實現的人又有多少，半途而廢喪失信心的人又有多少？

一九八四年，在東京國際馬拉松邀請賽中，名不見經傳的日本選手山田本一出人意外地奪得了世界冠軍。當有人問他憑什麼取得如此驚人的成績時，他說了這麼一句話：「憑智慧戰勝對手。」

當時，許多人認為這個偶然跑到前面的矮個子選手是在故弄玄虛。大家都認為馬拉松賽是考驗體力和耐力的運動，只要身體素質好又有耐性就有望奪冠，爆發力和速度都還在其次，說用智慧取勝確實有點讓人產生懷疑的心理。

幾年後，義大利國際馬拉松邀請賽在義大利北部城市米蘭舉行，山田本一代表日本參加比賽。這一次，他又獲得了世界冠軍。有人又問他有什麼秘訣。山田本一回答的仍是上次那句話：「憑智慧戰勝對手。」

十年後，在山田本一的自傳中，這個謎底終於被解開了：

「每次比賽之前，我都要乘車把比賽的線路仔細地看一遍，並把沿途比較醒目的標誌畫下來，比如第一個標誌是銀行；第二個標誌是一棵大樹；第三個標誌是一座紅房子……這樣一直畫到賽程的終點。比賽開始後，我就奮力地向第一個目標衝去。等到達第一個目標後，我又以同樣的速度向第二個目標衝去。四十多千米的賽程，就被我分解成這麼幾個小目標輕鬆地跑完了。起初，我並不懂這樣的道理，把目標定在終點線上的那面旗幟上。結果，我跑到十幾千米時就疲憊不堪了。」

可見，他用的是分解目標這一智慧，這的確是一個很不錯的方法。對於一個大目標，人們會覺得根本無法實現，常常會因為目標的遙遠和艱辛感到氣餒、憂傷，甚至懷疑自己的能力。而對於一個小目標，人們往往充滿信心地完成。

有些急功近利的人，一開始就給自己定下大目標。當他發現目標離自己仍很遠時，就會因為自卑而放棄一如既往的努力。其實，你可以把每個大目標分成無數個可以實現的小目標，當實現了每個小目標之後，大目標也就離你不遠了。

在生活中，之所以很多人做事會半途而廢，往往不是因為難度較大，而是覺得距成功太遙遠。他們不是因失敗而放棄，而是因心中無明確而具體的目標乃至倦怠而失敗。如果你懂得分解自己的目標，一步一個腳印地向前走，也許成功就在眼前。

清理掉那些無謂的人生目標

現代人之所以活得很累，心裡很易產生挫折感、焦慮甚至不快，這是迷失在各種目標中的結果。

——哈佛箴言

有一個很上進的年輕人，總對自己的生活感到不滿，時常覺得很煩躁、很困惑。朋友問他為什麼，他說：

「我從小就有很多人生目標。自從大學畢業以後，我就開始經營理想和事業。可到現在，我付出了許多，學到了很多，卻一事無成。比如，我一畢業馬上去學會計，覺得那更實用。後來，我發現心理學在今後一定有很大的發展空間，馬上又去學心理學。在這同時，我想踏實幹好現在的工作以證明自己，但因壓力覺得不安穩，便又去進修與我工作相關的電腦程式設計，我想自己很快就會成為一名高手。諸多的課程讓我很疲憊，但是想到未來一定會有用，又不忍心放棄。可事實上到目前為止，我所學的課程進度都很慢，所以我很煩惱，為什麼我這麼努力卻看不到成就呢？」

目標太多，卻沒有分身之術；舉棋不定，不知應該放棄還是堅持。你是否有過諸如此類的困惑？

哈佛大學給這些困惑的人作過這樣的比喻：

「這種選擇就像在過人生的一個十字路口，只要選準一條路徑直往前走，每一條路都可以通往目的地。可如果總是懷疑自己的方向不對，一次又一次地退回來選其他的路。那麼，不管以什麼樣的速度走，都總在原點附近徘徊，永遠走不到你的目的地。你付出得越多，就會越覺得疲勞和辛苦。」

一般情況下，人們對生活的迷失都是想得太多又一時達不到目標而造成的。這種想法使很多人不能將精力專注於一件事，他們總是目標太多，精力分散，做著這件事又想著那件事，最後什麼也做不好，還錯過了許多近在咫尺的成功機會。所以，他們永遠也快樂不起來，因為永遠都不能達成自己的理想。

但凡成功人士，都能專注於一個目標。伊士曼致力於生產柯達相機，這為他帶來了巨大的財富，也為全球數百萬人帶來了不可言喻的樂趣；比爾·蓋茲一心做軟體發展，終成為世界首富。

每天都花一點點時間問一下自己的內心真正想要的是什麼，什麼才是你最快樂最滿足的理想。慢慢地，你會發現，那些遙遠的不切實際的夢想和雜念都是你追逐美好生活的累贅，而那些離你最貼近的事物才是你的快樂所在。把精力集中在這些最讓你快樂的事情上，別再胡思亂想偏離正確的人生軌道。

只要你一次只專心地做一件事，全身心地投入，就一定會收穫更多的成果和快樂。人的一生很短暫。若能將一件事做好，便能受益終身。有的人，好高騖遠，心性浮躁，頻繁跳槽，這山望著那山高。到頭來，雖說做過不少事，可連一件事也沒有做好。有的人，不務正業，無所事事，一生的全部意義就是證實了碌碌無為是多麼可怕的事情。

第 6 課
從來沒有一種堅持會被辜負

事在人為，哈佛人瞧不起不思進取、對前途失去信心或被挫折打垮的人。他們認為自己才是命運的主人，對過去的事都很健忘，也不沉湎於當前。他們總是用更多的精力關注未來，相信明天更美好。

沒有戰勝不了的困難，只有不願堅持的你

困難是每個人都會遇到的，但不是每個人都能如願地衝破困難。原因不在於困難的大小，而在於自身衝破苦難的決心有多大。你的決心越大，困難就會顯得越小；你的決心變小了，那麼困難就會隨之變大。

——哈佛箴言

哈佛人認為，一個勇於選擇自己人生走向的人，往往具有頑強的意志力，能在一連串的挫折中經受考驗，從而錘煉自己的意志力，使自己成為一個勤奮、勇敢和富有創新精神的人。因此，記住這一句話：「其實，**成功距離你並不遙遠。只要你確定了自己的方向，一直走下去，就會到達成功的彼岸。**」

很多人都知道：「困難像彈簧，你弱它就強。」但往往在碰到困難的時候便會

忘記了一切。攻克難關的道路並不平坦，如果你動搖了、退縮了，那將一事無成，機會將永遠也不會到來。如果你不屈不撓、勇往直前，想方設法去戰勝困難，就可能成為強者。認定目標，堅持到底，成功就在眼前。因為困難的程度來源於你的內心，而並非困難本身。

只要沒有到世界末日，何必要讓自己墜入痛苦的深淵？不必驚慌，不必痛苦，也不要煩惱，學會樂觀地吞咽悲傷，坦然面對一切。打擊也許是件幸運事，它可以激發你更大的潛能，促使你取得人生更輝煌的成就。

世界電影巨星席維斯・史特龍（Sylvester Stallone）出生在一所慈善醫院。由於難產，醫生誤用助產鉗助產，造成他左臉頰部分肌肉癱瘓，左眼瞼與左邊嘴唇下垂，並口齒不清。

他的父親是一個賭徒，母親是一個酒鬼。父親賭輸了，又打母親又打他，母親喝醉了也拿他出氣。他在拳腳交加的家庭暴力中長大，常常是鼻青臉腫。

輟學後，史特龍便進入專為情緒困擾的青年人開辦的高中。在高中時期，史特龍開始踢球、擲鐵餅，並開始舉重。一次偶然，他主演了亞瑟・米勒的名劇《推銷員之死》，這件事激勵了他，使他立志要成為一名演員。

他下定決心要走一條與父母迥然不同的路，活出自己的人生。他想當一名演員——當演員不需要文憑，更不需要本錢，一旦成功就可以名利雙收。但是他顯然不具備當演員的條件：長相天生就有缺陷，又沒接受過任何專業訓練。廿三歲那年，史特龍進入大學學習戲劇，但隨後因差三分而被退學。

他來到好萊塢。面對一次又一次地被拒絕，他並不氣餒。他知道，失敗定有原因。每被拒絕一次，他就認真反省、檢討、學習一次。

他想，既然不能直接成功，能否換一個方法？他想出了一個迂迴前進的思路：「先寫劇本，待劇本被導演看中後，再要求當演員。」兩年多的耳濡目染，每一次拒絕都是一次口傳心授、一次學習、一次進步。因此，他已經具備了寫電影劇本的基礎知識。

在他拿到這筆酬勞之前，史特龍的生活都是靠打零工維持生計的。

劇本寫出後，普遍的反應都是劇本還可以。他開始嘗試從小角色入手，不斷地出現在銀幕上。三十歲時，史特龍主演了自己編劇的電影

《洛基》，獲得了奧斯卡最佳男主角和最佳編劇提名。

在這之前，史特龍一共遭到一千三百多次的拒絕。一個曾拒絕過他二十多次的導演對他說：「我不知道你能否演好，但我被你的精神所感動。我可以給你一次機會，但採用你的劇本，讓你當男主角，看看效果再說。如果效果不好，你便從此斷絕這個念頭吧。」

為了這一刻，他已經作了很久的準備，終於可以一試身手了。機會來之不易，他不敢有絲毫懈怠，全身心地投入。《洛基》創下了當時全美最高票房紀錄，他成功了。

在前進的途中，不可能什麼事情都是一帆風順，總會遇到各種各樣的困難、挫折，有來自自身的，也有來自外界的。只要擁有積極的心態，即使遇到困難，也可以獲得幫助，事事順心。愛默生說過：「偉大高貴人物最明顯的標誌，就是他有堅定的意志。不管環境變化到何種地步，他的初衷與希望仍然不會有絲毫的改變，而終至克服障礙，以達到所企望的目的。」

哈佛大學認為，成功是由那些抱有積極心態的人所取得的，並由那些以積極的心態努力不懈的人所保持。

一九三三年一月，希特勒上臺。不久，哥廷根大學接到命令，要學校辭退所有猶太人。在被驅趕的學者中，有一位名叫艾美・諾特（Emmy Noether）的女士，她是這所大學的教授，時年五十一歲。

她徹底改變了環和代數的理論。在物理學方面，諾特定理解釋了對稱性和守恆定律之間的根本關係。這位學術上很有造詣的女性，面對困境卻心地坦然，因為她一生都是在逆境中度過的。

諾特從小就喜歡數學。一九〇三年，廿一歲的諾特考進哥廷根大學，在那裡，她聽了莫里斯・克萊因（Morris Kline，1908—1992）、大衛・希爾伯特（David Hilbert，1862—1943）、赫爾曼・閔可夫斯基（Hermann Minkowski，1864—1909）等人的課，與數學結下了不解之緣。廿五歲便成為世界上屈指可數的女數學博士。

但由於當時婦女地位低下，在大數學家希爾伯特的強烈支持下，諾特才由希爾伯特的「私人講師」成為哥廷根大學第一名女講師。接下來，由於她科研成果顯著，又在希爾伯特的推薦下，取得了「編外副教授」的資格，雖然她比很多教授更有實力。

諾特熱愛教育事業，終生未婚，卻有許多「孩子」。她對待學生和藹可親，人們親切地把她周圍的學生稱為「諾德的孩子們」，中國數學家曾炯之就是諾特的「孩子」之一。

在希特勒的命令下，諾特被迫離開哥廷根大學，遠去美國。一九三四年，美國設立以諾特名字命名的博士後獎學金。不幸的是，諾特在美國不到兩年便死於外科手術，享年五十三歲。

她的逝世令很多數學同僚無限悲痛。愛因斯坦在《紐約時報》發表悼文說：「根據現在的權威數學家們的判斷，諾特女士是自婦女受高等教育以來，最重要的富於創造性的數學天才。」

諾特的成功告訴人們這樣一個道理：要成功就要不懈地努力，直到困難被你打垮為止。如果沒有很好地堅持，那麼你就會被困難打倒。因為困難會隨著你的變弱而變得強大。

世界上就是有這麼一種力量在推動著人類的進步，那就是堅強。堅強會把困難變得弱小，只要你持之以恆、不怕艱苦，在艱苦面前表現得很積極，那麼，困難就會在你的堅強之下慢慢降服，你就可以達到成功的目的了。

把絆腳石踩在腳下，登上世界之巔

沒有一條通向成功的道路是平坦的，它必然是迂迴曲折的，而在這道路上的失敗不是攔路虎，而是磨煉意志的磨刀石。

——哈佛箴言

在哈佛的課堂上經常引用這樣一個故事。

一天，一頭驢不小心掉進了一個廢棄的陷阱裡。這個陷阱很深，牠根本爬不上來。驢的主人看牠是一頭老驢，也不想去救牠，打算就讓牠自生自滅好了。

這樣，一天的時間過去，那頭驢也慢慢放棄了求生的希望。

一開始，人們每天往陷阱裡倒垃圾。老驢很生氣，可是有一天，牠突然改變了牠的想法，牠把垃圾踩在腳底下，從垃圾中找到殘羹剩飯來維持自己的生命，而不再是被垃圾所埋沒。

慢慢地，垃圾把陷阱墊得越來越高。終於有一天，牠回到了地面上。

人的心態要積極，不要老是想著抱怨。比如，不要抱怨你的科系不好，不要抱怨你的學校不好，不要抱怨你沒有一個好家境，不要抱怨你的工作差、工資少，不要抱怨你空懷一身絕技沒有人賞識你。現實有太多的不如意，就算生活給你的是垃圾，你同樣能把垃圾當作墊腳石，踩在腳下，登上世界之巔。

在美國，「鑽石大王」亨利・彼得森和他的「特色戒指公司」家喻戶曉。彼得森從十六歲給珠寶商當學徒開始，白手起家，經歷了令人難以想像的艱辛，最後一躍成為享譽世界的「鑽石大王」。

一九〇八年，彼得森生於倫敦一個猶太人家庭。幼年時，父親便離世了，家庭生活的重擔落在母親柔弱的肩上。迫於生計的壓力，母親攜彼得森移居紐約謀生。在他十四歲時，母親因勞累過度一病不起，他不得不結束半工半讀的學習生涯，到社會上打工賺錢，肩負起家庭生活的沉重負擔。

當彼得森十六歲的時候，他來到紐約一家小有名氣的珠寶店當學徒。這家珠寶店的老闆卡辛是一位猶太人，也是紐約優秀的珠寶匠之一。作為一個珠寶商，他在紐約上層社會的達官貴人中頗有聲譽，他們對卡辛的名字就像對好萊塢電影明星一樣熟悉。卡辛手藝超群，凡經過他親手鑲嵌的首飾都能贏得人們的讚譽並賣到很高的價錢。

但是，卡辛是一個目中無人、言語刻薄的老闆，他對學徒嚴厲至極。珠寶店的學徒在他面前躡手躡腳、謹慎從事，唯恐自己的疏忽和過錯惹怒了老闆。

彼得森上班第一天，卡辛給他安排的任務是練習鑿石頭。對於珠寶，尤其是鑽石的生產而言，最艱苦、最難以掌握的基本功莫過於鑿石頭。根據卡辛的教誨，一塊拳頭大小的石頭，要用手錘和斧子打成十塊尺寸相同的小石塊，並規定沒做完不許吃飯。

彼得森從沒有做過這種活，看著這一塊石頭發呆良久，不知如何下手，唯恐一不小心招來老闆的訓斥和挖苦。但是他別無選擇，只得硬著頭皮幹。他先把大石頭劈成十小塊，然後以十塊中最小的那塊為標準，慢慢鑿其他九塊。雖說石頭質地不是特別堅硬，但是層次非常分明，稍不小心就會把石頭鑿下一大塊而前功盡棄，並招來老闆的呵斥。

第一天下來，彼得森腰酸背痛、四肢發軟、眼睛發脹，但依然沒能完成老闆的任務。以後的數天裡，他簡直變成了一台機器，在那裡機械地運轉，整日揮汗如雨地在那裡鑿。

彼得森在心裡燃燒起強烈的成功欲望，他相信自己經受苦難與委屈，最終能夠學到這門手藝。

一段時間以後，彼得森離開卡辛的珠寶店，準備自己創業。萬事開頭難，自己創業也不是件容易的事。雖然要求不高，只要有一張工作臺就可以了，但是在房租昂貴的紐約找一塊地方談何容易？皇天不負有心人，彼得森在珠寶店裡當學徒時認識的猶太技工詹姆幫了他的忙。

詹姆與他人合資在紐約附近開了一個小珠寶店。彼得森去找他想辦法，詹姆的珠寶店很小，約有十二平方米，已經擺放了兩張工作臺。詹姆很熱心，看他處境艱難，允許他在這個小房間裡再擺一張工作臺，每月只收十美元租金。

工作臺問題得到了解決，但是身無分文的彼得森無力預付房租，必須找到活兒幹，否則仍然無法生存。

到了第廿三天，他終於攬到了一筆生意，一個貴婦有一顆兩克拉的鑽石戒指鬆動了，需要補強一下。她在拿出戒指前鄭重地問彼得森跟誰學的手藝，當得知面前這個首飾匠是卡辛的徒弟時，她放心地把戒指交給了他。

這對彼得森來說是一個重大發現，想不到卡辛的名字在這些有錢人中如此有分量，他馬上想到可以借助卡辛的名氣攬生意。正是從此開始，他深刻地意識到名氣的重要性。

彼得森靠著「卡辛的徒弟」這塊招牌幹了兩三個月，生意不錯。這時，一家戒指廠的生產線出了問題，急需一個有經驗的工匠做裝配。在聽說彼得森的名氣後，這家戒指廠商請他去負責，他愉快地接受了這一工作。有很多人慕名來找他加工首飾，他都一一熱情接待，把業餘時間都用在加工首飾上。

他每星期的收入開始明顯增多，有時可賺到一百七十多美元。這樣，他一邊在工廠工作，一邊加工首飾，終於在經濟大蕭條的年代裡渡過了失業難關，生活也得到了極大的改善。

多年以後，彼得森回憶：「儘管老闆非常苛刻，但那是為了讓我們早日掌握打造石頭的要領。因為對於鑽石生產而言，鑿石頭由不得半點含糊的基本功。老闆也借此來考驗學徒們的意志，因為如果過不了這一關，是永遠也不能成為成功的珠寶匠的。」

很多事情並不是你想的那麼可怕，這個世界只關注你是否到達了一定的高度，而不會去想你是踩在巨人的肩膀上還是踩在垃圾上。因此，人生永遠沒有失敗，也永遠不要說失敗。只要能超越暫時的挫折和失敗，成功就在面前等著你。

莎士比亞曾經在一部戲劇中寫道：「希望往往會破滅，並且總是會在最有希望之時。」哈佛大學認為，當命運將你丟進失敗的低谷時，它也會給你一根向上攀登的藤條，而問題的關鍵在於你能不能將它抓在手中。

每個人的性格不同，對同一事物的感覺和態度也各不相同。身處在同一環境中，有的人全身不自在，有人卻如魚得水。那麼，當你面對困境的時候，是抱怨嘆息還是慢慢使自己適應環境呢？當然應該選擇後者。真正懂得適應環境的意義，就能改變你的人生，使自己活得更出色。

不必懼怕失敗，相反請你感謝它

從每一次失敗中，你都可以瞭解自身存在的不足之處。如果換一個角度來看待失敗，那麼你會發現每一次的失敗都是一個超越自我的契機。

——哈佛箴言

日本企業家本田先生說：「很多人都夢想成功。但實際上，為了實現成功的夢想，是需要付出失敗的代價的。只有經過多次的失敗和反思，才能獲得成功。」

某一天，獅子來到了天神面前說：「我很感謝您賜給我如此強健的體格、強大的力氣，讓我有能力統治整個森林。」

天神聽了，微笑地問：「這不是你今天來找我的目的吧？看起來你似乎為了某種事而困擾呢。」

獅子輕輕吼了一聲，說：「天神真是瞭解我啊，我今天來的確是有事相求。儘管我的能力強，但每天清晨，我總是會被雞鳴聲給叫醒。神啊，祈求您再賜給我一種力量，讓我不再被雞鳴給吵醒吧。」

天神笑道：「你去找大象吧，牠會給你一個滿意的答覆。」

獅子興沖沖地跑到湖邊找大象。還沒見到大象，就聽到大象發出「咚咚」的跺腳響聲。

獅子問大象：「你為什麼發這麼大的脾氣？」

大象拼命搖晃著大耳朵，吼著：「有隻討厭的蚊子總想鑽進我的耳朵裡，害我都快癢死了。」

獅子若有所思地離開了大象，暗自想著：「原來體形這麼大的大象，還會怕那麼弱小的蚊子，那我有什麼好抱怨的呢？畢竟雞鳴也不過一天一次，蚊子卻是無時無刻不騷擾著大象。這樣想來，我比牠幸運多了。」

獅子回頭看了一眼仍在搖晃耳朵的大象，心想：「天神要我來找大象，應該就是想要告訴我，誰都會遇上麻煩事，而他無法幫助所有人。既然如此，那我只有靠自己了。反正以後只要雞鳴時，我就當作是雞在提醒我該起床了。如此一來，雞鳴聲對我來說是有益的啊。」

從上述故事中可以看出，每個人都有自己的困境，而每個困境都有其存在的正面價值。在做事的過程中，你應該借鑒一下獅子的思維。雞鳴聲雖然令獅子感到十分困擾，但換個角度看，雞鳴聲也是一種鞭策它的力量，可以提醒獅子每天勤奮早起。

失敗會讓人嘗盡苦頭、遭受打擊，但也可以使人成長。因此，你要讓失敗變成一種對自己的考驗，學會在失敗中抓住機會。在失敗之後，會失去一些東西，但同時，我們眼前也可能出現一片更廣闊的天地，得到的也許會比失去的還多。

無論是誰，做著什麼樣的工作，都是在失敗中成長起來的。一個人經歷的失敗越多，進步就越大，這是因為他能從中學到許多經驗。

美國考皮爾公司的總裁比倫曾說：「若在一年不曾失敗過，那說明你就未勇於嘗試抓住各種應該把握的機會。」

小澤征爾先生是全日本足以向世界誇耀的國際大音樂家、名指揮家。然而，他之所以能夠建立知名指揮家的地位，與參加貝桑松音樂節的國際指揮比賽分不開。在這之前，他不僅與世界無關，即使在日本也是名不見經傳，因為他的才華沒有表現出來，不為人所知。

他決定參加貝桑松的音樂比賽，來個一鳴驚人。克服了重重困難，他終於充滿信心地來到歐洲。但一到當地，就有莫大的難關在等待他。

首先要辦的是參加音樂比賽的手續，但不知為什麼，證件竟然不夠齊全，因而不被執行委員會受理。這麼一來，他就無法參加期待已久的音樂節了。

音樂家多半性格內向，不愛出風頭，在遇到這種狀況時，多是就此放棄。但他不同，不但不打算放棄，還盡全力積極爭取。

首先，他來到日本大使館，說明事情的原委，然後請求幫助。可是，日本大使館無法解決這個問題。

正束手無策時，他突然想起朋友過去告訴他的事：「美國大使館有音樂部，凡是喜歡音樂的人，都可以參加。」他立刻趕到美國大使館。

這裡的負責人是位女性，名為卡莎夫人，過去曾在紐約的某樂團擔任小提琴手。他詳細地向她說明事情的經過，拼命拜託對方，想辦法讓他參加音樂比賽。但她面有難色地表示：「雖然我也是音樂家出身，但美國大使館不得越權干預音樂節的問題。」

卡莎夫人的理由很明白，但他仍執拗地懇求她。表情原本僵硬的她逐漸浮現笑容。

卡莎夫人思考了一會兒，問了他一個問題：「你是個優秀的音樂家嗎？或者是個不怎麼優秀的音樂家？」

他堅定地回答：「當然，我自認是個優秀的音樂家，我是說將來可能……」

聽著他自信滿滿地說著，卡莎夫人決定幫助眼前這個為音樂而堅定的人。卡莎夫人聯絡貝桑松國際音樂節的執行委員會，拜託他們准許他參加音樂比賽。結果，執行委員會回答，兩周後作最後決定，請他們等待答覆。此時，小澤征爾心想：若是還不行，就只好放棄了。

兩星期後，小澤征爾收到美國大使館的答覆，告知他資格審查已獲通過，這代表他可以正式地參加貝桑松國際音樂指揮比賽了。參加比賽的人總共六十位，他很順利地通過了預選，終於進入正式決賽。

此時，他嚴肅地想：「為了不讓自己後悔，我一定要努力。」

後來，他終於獲得了冠軍。

如果小澤征爾退縮、害怕失敗，那麼就不會獲得後來的成就。只有努力把握機會，你才有可能擁有一個成功而沒有遺憾的人生。

哈佛大學認為，失敗可以磨煉人的意志，增強一個人的毅力。如果把挫折僅僅看成一種失敗、一種災難，那麼你一遇到挫折就會陷入焦慮、憂愁、痛苦中而無法自拔。害怕失敗、在困難面前退縮的人會失去磨煉意志的契機，進而失去成功的機會。

哈佛人認為，生活中，強者總是能坦然地面對失敗，冷靜地分析原因，以樂觀向上的態度、堅定不移的信心及百折不撓的精神去努力、去奮進，進而讓自己邁向更高的臺階。

你的成熟來自歲月的磨礪

苦難來臨時，人們無處躲藏。既然如此，索性讓它留下的創傷永遠提醒自己，讓自己變得更加成熟與堅強。

——哈佛箴言

成功不是唾手可得的。想要成功，就應該具有迎接失敗的心理準備，堅定打垮失敗的信念，總結每一次失敗的教訓。把每一次失敗都當作成功的前奏，從頭再來，那麼就能化消極為積極，變失敗為成功。

每一個人都應該有從頭再來的勇氣。因為從頭再來不等於放棄過去，而是讓自己在遭受創傷的過程中變得成熟。一遍遍地嘗試，會讓你獲得更多的經驗，這些才是你最大的財富。

做事無非是兩種結果，一種是成功，另一種是失敗。而那些善於把握時機辦事的人，在對待困境的時候，有著一種不屈不撓的精神，正是這種精神激勵著他們努力地做好每一件事情。

一七九一年，法拉第出生在倫敦市郊一個貧困的鐵匠家裡。他的父親收入菲薄，常生病，子女又多，所以，法拉第小時候連飯都吃不飽，有時一個星期只能吃到一個麵包，當然談不上去上學了。

法拉第十二歲的時候，就上街去賣報，一邊賣報，一邊從報上識字。到十三歲的時候，法拉第進了一家印刷廠當圖書裝訂學徒工，他一邊裝訂書，一邊學習。每當工餘時間，他就翻閱裝訂的書籍，甚至在送貨的路上也邊走邊看。經過幾年的努力，法拉第終於摘掉了文盲的帽子。

漸漸地，法拉第能看懂的書越來越多，常常閱讀《大英百科全書》到深夜，特別喜歡電學和力學方面的書。法拉第沒錢買書，就利用印刷廠的廢紙訂成筆記本，摘錄各種資料，有時還自己配上插圖。

一個偶然的機會，英國皇家學會會員丹斯來到印刷廠校對他的著作，無意中發現法拉第的「手抄本」。當他知道這是一位裝訂學徒工記的筆記時，大吃一驚。於是，丹斯送給法拉第皇家學院的聽講券。

法拉第以極為興奮的心情來到皇家學院旁聽。作報告的正是當時赫赫有名的英國著名化學家大衛。法拉第非常用心地聽大衛講課。回家後，他把聽講筆記整理成冊，作為自學用的《化學課本》。

後來，法拉第把自己精心裝訂的《化學課本》寄給大衛教授，並附了一封信，表示：「極願逃出商界進入科學界，因為據我的想像，科學能使人高尚而可親。」

收到信後，大衛深為感動。他欣賞法拉第的才幹，決定把他招為助手。法拉第非常勤奮，很快掌握了實驗技術，成為大衛的得力助手。

半年以後，大衛要到歐洲大陸作一次科學研究旅行，訪問歐洲各國的著名科學家，參觀各國的化學實驗室。大衛決定帶法拉第出國。就這樣，法拉第跟著大衛在歐洲旅行了一年半，會見了安培等著名科學家，長了不少見識，還學會了法語。

回國以後，法拉第開始獨立進行科學研究。不久，他發現了電磁感應現象。一八三四年，他發現了電解定律，震動了科學界。這一定律被命名為「法拉第電解定律」。

法拉第依靠刻苦自學，從一個連小學都沒念過的圖書裝訂學徒工，跨入世界一流科學家的行列。

一八六七年八月廿五日，法拉第坐在他的書房裡看書時離世，享年七十六歲。由於他對電化學的巨大貢獻，人們用他的姓「法拉」作為電容的單位。

為了追求自己的夢想，很多人同法拉第一樣，忍受了常人難以想像的痛苦。這樣的生活也許會讓浮躁和勢利的凡人崩潰，但對於追求崇高目標的人而言，非但不把它們視為苦難，反而會認為這是莫大的快樂。正是在這種過程中，他們創造了自己的人生，獲得了成功。

人們通常會把不幸視為人生的逆境，抱怨命運對自己不公平，可是抱怨絲毫不能解決問題。那些在人類歷史上留下了傑出貢獻的人大多遭遇過不幸，經歷過刻骨銘心的痛。可是經歷過風雨的歷練後，他們對人生有了更加透澈的認識，變得更加成熟。沒有不曾失敗過的人，只有不夠成熟的失敗者。

日本「經營之神」松下幸之助，小時候在鄉下看見農民洗甘薯，覺得很好玩，更由此悟出了做人的道理。

在鄉下，農民用木製的特大號水桶裝滿了要洗的甘薯，然後用一根扁平的大木棍不停地攪拌。在木桶裡，大小不一的甘薯隨著木棍的攪動而忽沉忽現。有趣的是，浮在上面的甘薯不會永遠在上面，沉在下面的甘薯也不會永遠在下面。甘薯總是浮浮沉沉，互有輪替。

「洗甘薯是這樣，生活何嘗不是這樣。」松下深有體會地說：「這種沉沉浮浮、互有輪替的景象，正是人生的寫照。每一個人的一生，就像那些甘薯一樣，總是浮浮沉沉，不會永遠春風得意，也不會永遠窮困潦倒。這樣持續不停地一浮一沉，就是對每個人最好的磨煉。」

「松下」品牌在商界聲名顯赫，業績輝煌，可是松下幸之助的一生並不幸福。十一歲輟學；十三歲喪父；十七歲差一點淹死；二十歲不但喪母，而且得肺病幾乎亡故；三十四歲時，唯一的兒子出生僅六個月就病故。他一生受病魔糾纏，經常因病而臥床。然而，每當他遭受打擊與挫折時，就會想起鄉下人洗甘薯的那一幕。於是，他百折不撓、愈挫愈勇，最終轉敗為勝、化危為安。

人的一生不可能永遠一帆風順，生命中的那些溝溝坎坎更能折射出生命的精彩。沒有經歷過創傷，就不會領略成熟的人生。在通向成功的道路上，失敗是不可避免的。跌倒了，受傷了，微笑著對自己說：「沒有什麼大不了的，前面的風景更美麗。」

每一次的創傷帶給你的不僅是痛苦，更重要的是教會你不斷地成熟。挫折、困苦與失敗都不可能擊倒意志堅強的人，只會引領他們走向成熟，走向成功。跨過創傷，失敗的經歷就能夠帶領你走向一個更加明朗的世界；跨過創傷，你會更加懂得人生；跨過創傷，你會發現自己的意志如同鋼鐵般堅韌無比。

在收穫成功的時候，更應該懷著一顆感恩的心來感謝生活給你的磨難，是它們讓你變得更加自信與執著。

如果痛苦，就不必反覆品嘗

昨天已經過去，人生最重要的是把握現在。如果仍舊把昨天的負擔堆在心頭，必將成為今天的障礙。
——哈佛箴言

每個人都希望自己所做的每一件事都是正確的，從而達到自己預期的目的。可是，人非聖賢，孰能無過，不可能做每一件事都是萬無一失。做了錯事難免會自責，但如果總是讓自己陷入慚愧和自責裡，那你的生活便會停滯不前。一味地悔恨帶給你的只能是消極的心態，生活也會因此而變得索然無味。

人們並不能預知失敗的到來，也不能在它來臨時坐以待斃。要想重新站起來，只能選擇堅強。有句話說得好：「我不能左右天氣，但我可以改變心情；我不能決定生命的長度，但是我可以控制生命的寬度；我不能改變過去，但我可以利用今天。」這句話所展現的就是一種積極樂觀的心態。確實如此，外界的事情左右不了你什麼，重要的是當下的心態。面對那些不堪的過往，一個聰明人不會徘徊在過去的錯誤裡，而會珍惜眼前，展望未來，重新獲得那失去的快樂與成功。

一九三七年，傑爾德太太的丈夫不幸去世。當時，傑爾德太太過得非常痛苦，甚至有了自殺的念頭。安葬完丈夫後，她寫信給過去的老闆里奧羅西先生，請求他讓自己回去做過去的工作。

傑爾德太太的請求得到了老闆的同意。於是，傑爾德太太重新做起了賣書的工作。她認為，重新工作可以幫助自己從頹喪中解脫出來。可是，總是一個人駕車、一個人吃飯的生活幾乎使她無法忍受。每天，她都會想起自己的丈夫，不由淚流滿面。加上有些地方根本就推銷不出去書，她的工作也很不順心，這讓她更加懷念丈夫。

一九三八年春，她來到密蘇里州推銷書。那裡的學校很窮，路又很不好走，她一個人又孤獨又沮喪。這讓傑爾德太太感到未來已經沒什麼希望，生活也毫無樂趣。

天突然下起雨，汽車只好停了下來，傑爾德太太看了看身邊的書本，心想著：「也許是最後一次照看你們了。」

她沮喪地翻開一本書來打發時間，無意中看到一篇文章，其中的一句話讓她震動頗大：「對於一個聰明人來說，每一天都是新的一天。」傑爾德太太用打字機把這句話打下來，貼在汽車的擋風玻璃上。

傑爾德太太回憶起自己自從丈夫去世後，生活是如此無聊，每天都在虛度年華。漸漸地，傑爾德太太感到，其實每一天的生活並非那麼艱難，只要學會忘記過去，那麼自己就會輕鬆得多。於是每天清晨她都對自己說：「今天又是新的一天。」

一年後，傑爾德太太已經徹底恢復健康，她說：「我現在知道，不論在生活中會遇上什麼問題，我都不會再害怕了。我現在知道，每一天都是新的一天！」

昨天的負擔永遠堆在心頭，它必將成為今天的障礙、明天的毒瘤。總盯著昨天，也許你會得到一個「不忘本、忠誠」的美名，可是那份痛徹心扉的煎熬，卻是只有你一個人去體會的。所以，面對過去的傷痛，你應當做的事情是學會忘記，而不是在嘴裡、在心中念念不忘。即使你每天祈禱一百遍，你也不可能回到事情發生之前，做出躲避的措施。因此，我們必須養成一個良好的習慣，生活在完全獨立的今天。生命正以令人難以置信的速度飛快地溜走，今天才是最值得大家珍視的。過去的陰影，就讓它如風一般消散吧！

貝多芬出生於一個貧寒的家庭。父親是歌劇演員，性格粗魯，愛酗酒，母親是個女僕。貝多芬本人相貌醜陋，少年時經常受到父親的打罵。他十一歲就加入戲院樂隊，十三歲當大風琴手。十七歲那年，他的母親逝世了，他要獨自一人承擔著兩個兄弟教育的責任。

一七九三年十一月，貝多芬離開故鄉波恩，前往音樂之都維也納。不久，痛苦叩響了他的生命之門。

從一七九六年開始，貝多芬的耳朵日夜作響，聽覺越來越衰退。起初，他獨自一人守著這個可怕的秘密。一八〇一年，貝多芬愛上了朱列塔，他把《月光奏鳴曲》獻給她。但是幼稚、自私而且愛慕虛榮的朱列塔不理解他崇高的靈魂，並於一八〇三年與他人結婚。這是令貝多芬絕望的時刻，他甚至曾寫下遺書，想要結束自己的生命。

在肉體與精神的雙重折磨下，他創作了《幻想奏鳴曲》《克勒策奏鳴曲》等作品。當時席捲歐洲的革命波及了維也納，貝多芬的情緒開始高漲，他於這時又創作了《英雄交響曲》《熱情奏鳴曲》等作品。

一八〇六年五月，貝多芬與布倫瑞克小姐訂婚，愛情的美好催生了一系列偉大的作品。

不幸的是，愛情又一次把他遺棄了，未婚妻和他人結婚。經濟困窘。親朋好友一個個死亡離散，耳朵也全聾，和人們的交流只能在紙上進行。但是，苦難並沒有讓貝多芬屈服，反而讓他變得更加頑強。

正是在這種最艱難的處境下，他奏響了命運的最強音，創作了代表了他音樂生涯巔峰的《命運》《合唱》等作品，為當時的世界和後人展現了一個永不向命運屈服的靈魂。

有句話說得很好：「無論你多麼悲傷，牛奶也不可能再回到瓶子裡，所以不要為打翻的牛奶而哭泣。」生活也是如此，過去的歲月不可能重複，過去的事情不可能更改，只有選擇好好地活在當下。」

逆境是用來克服而不是臣服的

當身處逆境時，你最應該做的不是捶胸頓足，而是奮發努力，做出點成績來，讓那些諷刺你的人看看。

——哈佛箴言

當你受到他人的無故譏諷甚至侮辱時，要冷靜地面對與處理，平和自己的心態。不要為了暫時的挫折而鑽牛角尖，要把別人的侮辱當成你奮發圖強的動力，激勵自己去戰勝困難，取得成就。

榮譽可以成為一個人進步的動力。在一定條件下，恥辱也能達到榮譽的這種功效。

阿蘭・米穆是法國當代著名長跑運動員、法國萬米長跑紀錄創造者，曾先後獲得第十四屆倫敦奧運會萬米亞軍、第十五屆赫爾辛基奧運會五千米亞軍、第十六屆墨爾本奧運會馬拉松賽冠軍，後來在法國國家體育學院執教。

米穆出生在一個貧困的家庭。從孩提時起，他就非常喜歡運動。可是，家裡很窮，他甚至連飯都吃不飽。米穆喜歡踢足球，因為沒有鞋穿，只能光著腳踢。母親省吃儉用地替他買了雙草底帆布鞋，為的是讓他穿著去學校念書。如果米穆的父親看見他穿著這雙鞋子踢足球，就會狠狠地揍他一頓，因為父親不想讓他把鞋子穿破。

十二歲時，米穆已經有了小學畢業文憑，而且評語很好。母親對他說：「你終於有文憑了，這太好了。」母親去為他申請助學金卻遭受拒絕。沒有錢念書，迫於生計，米穆去咖啡館當服務員。每天都要工作到深夜，但仍然堅持長跑。

為了能進行鍛煉，他每天早上五點鐘就得起來，累得腳跟發炎膿腫。儘管如此，他還是咬緊牙關報名參加了法國田徑冠軍賽。他先是參加了萬米冠軍賽，可是只得了第三名。第二天，他決定再參加五千米比賽。幸運的是，他得了第二名。米穆並因此得到了參加倫敦奧運會的機會。

對米穆來說，這簡直是不可思議的事情。因為他當時還不知道什麼是奧運會，也從來想像不到奧運會場是如此宏偉壯觀。

但有些事情讓米穆感到不快，他並沒有被人認為是一名法國選手，沒有一個人看得起他。比賽前幾個小時，米穆想請人替自己按摩一下，於是敲開了法國隊按摩醫生的房門。

按摩醫生對他說：「有什麼事嗎，我的小夥計？」

米穆說：「先生，我要參加萬米長跑，您是否可以助我一臂之力？」

醫生一邊繼續為一個躺在床上的運動員按摩，一邊對他說：「請原諒，我的小夥計，我是被派來為冠軍們服務的。」

米穆知道，醫生拒絕替自己按摩，無非因為自己不過是咖啡館裡的一名小跑堂罷了。

那天下午，米穆參加了具有歷史意義的萬米決賽。他當時僅僅希望能取得一個好名次，因為倫敦當天的天氣異常乾熱，很像暴風雨的前夕。比賽開始了，同伴們一個又一個地落在他的後面。米穆成了第四名，隨後是第三名。

很快，他發現只有捷克著名的長跑運動員扎托倍克一個人跑在他前面進行衝刺。最後米穆得了第二名，為法國奪得了第一枚世界級萬米比賽銀牌。

然而，最讓米穆感到難受的，還是當時法國的體育報刊和新聞記者。他們在第二天早上邊打聽邊嚷嚷：「那個跑了第二名的傢伙是誰呀？啊，準是一個北非人。天氣熱，他就是因為天熱才得到第二名的！」

不過，讓米穆感到欣慰的是在倫敦奧運會四年以後，他又被選中代表法國去赫爾辛基參加第十五屆奧運會。在那裡，他打破了萬米法國紀錄，並在被稱之為「二十世紀五千米決賽」的比賽中，再一次為法國贏得了一枚銀牌。

隨後，在墨爾本奧運會上，米穆參加了馬拉松比賽。他以一分四十秒跑完了最後四百米，終於成了奧運會冠軍。

他不用再去咖啡館當跑堂了。米穆卻說：「我喜歡咖啡，喜歡那種香醇，也喜歡那種苦澀。」

一個人蒙受恥辱後，往往會有兩種態度：一是不以為恥，更不願意從自己身上去尋找蒙受恥辱的原因，這種人只能是永遠蒙受恥辱，永遠不會前進；另一種是產生羞愧之心，於是從自己身上去尋找蒙受恥辱的原因，並由羞愧而產生一股巨大的向上的力量，去戰勝和洗刷恥辱，從而獲得成功。

哈佛大學認為，要把別人的蔑視當成一種動力，並要學會感謝這樣的人。感謝傷害你的人，因為他磨煉了你的心志；感激羈絆你的人，因為他強化了你的雙腿；感激欺騙你的人，因為他增進了你的智慧；感激藐視你的人，因為他覺醒了你的自尊；感激遺棄你的人，因為他教會了你獨立。

第 7 課
不攀附不將就，努力變得更加優秀

很多時候，當生活、愛情、事業給你設置了一道道障礙時，很多人便潰不成軍。哈佛人卻說：「我們不過是輸給了自己，輸給了那個內心焦躁、憂慮、畏怯的自己。」

糾正優柔寡斷的毛病

世間最可憐的人就是那些舉棋不定的人。如果有了事情，他們一定要去和他人商量，不取決於自己而取決於他人。這種意志不堅定的人，既不會相信自己也不為他人所信賴。

——哈佛箴言

果斷決策的力量，與一個人的才能有著密切的關係。如果沒有決斷的能力，那麼你的一生就像深海中的一葉孤舟，永遠漂流在狂風暴雨的汪洋大海裡，永遠無法到達成功的目的地。

有一種力量強大的機器，能把一切廢銅爛鐵毫不費力地壓成堅固的鋼板。善於做事的人便如同這部機器一般，做事異常敏捷，只要決心去做，任何複雜困難的問題都會迎刃而解。

一個人如果目標明確，就絕不會把自己的計畫拿來與人反覆商議。在決策之前，他會仔細考察，然後制訂計畫，採取行動。這就像在前線作戰的將軍必須首先仔細研究地形、戰略，而後才能擬訂作戰方案，然後再開始進攻。

一個頭腦清晰、判斷力很強的人，一定會有自己堅定的主張。他們絕不會糊裡糊塗，更不會投機取巧。他們不會永遠處於徘徊當中，更不會一遇挫折便賭氣退回，使自己的事業前功盡棄。只要作出決定，他們一定一往無前地去執行。

英國的基欽納將軍就是一個很好的例子。這位沉默寡言、態度嚴肅的軍人威猛如獅、出師必捷，他一旦制訂好計畫，確定了作戰方案，就絕不會再三心二意地去與人討論、向人諮詢。

在著名的南非之戰中，基欽納將軍率領他的駐軍出發時，除了他和他的參謀長外，誰也不知道要開赴哪裡。他只下令，要預備一輛火車、一隊衛士及一批士兵。此外，基欽納不動聲色，甚至沒有電報通知沿線各地。

戰爭開始後，有一天早晨六點鐘，他突然出現在卡波城的一家旅館裡。他打開這家旅館的旅客名單，發現了幾個本該在值夜班的軍官的名字。他走進那些違反軍紀的軍官的房間，一言不發地遞給他們一張紙條，上面是他的命令：「今天上午十點，專車赴前線。下午四點，乘船返回倫敦。」

基欽納不聽軍官們的解釋，更不聽他們的求饒，只用這樣一張小紙條就給所有的軍官下了一個警告，殺一儆百。

基欽納將軍有無比堅定的意志又異常鎮靜，做任何事胸有成竹，凡事都能冷靜而有計劃地去做，這樣就事事馬到成功。

現在，社會上受歡迎的是那些有巨大創造力並有非凡經營能力的人。有些人只知道按部就班地聽從別人的吩咐，去做一些已經安排妥當的事情，而且凡事都要有人詳細地指示。唯有那些有主張、有獨創性、願意研究問題、善於經營管理的人，充當了人類的開路先鋒，促進了社會的進步。

很多人，明明已經考慮周全並決定好了，可仍然前怕狼後怕虎，不敢行動，左右思量，不能決斷。最後，腦子裡的念頭越來越多，對自己也越來越沒有信心，精力耗散，陷入完全失敗的境地。

一個渴望成功的人，一定要有一種堅決的意志，不可染上優柔寡斷、遲疑不決的惡習。在工作之前，必須要確定自己已經打定主意，遇到任何困難與阻力，也不要有懷疑的念頭。處理事情時，事前應該仔細地分析思考，對事情本身和環境作一個正確的判斷，然後再作出決定。而一旦作出了決定，就不能再有任何懷疑和顧慮，也不要管別人說三道四，只要全力以赴去做就可以了。

做事的過程中難免會出現一些錯誤，但不能因此心灰意懶，應該把困難當教訓、把挫折當經驗，要自信以後會順利些。這樣，成功的希望就會更大。在作出決定後，如果還心存疑慮、反覆思量，無異於把自己推入一種無可救藥的沼澤中，最終只好在痛苦和懊惱中結束一生。

某地發生水災，整個鄉村都難逃厄運，村民們紛紛逃難。

一位虔誠的基督徒爬到了屋頂，等待上帝的拯救。

不久，大水漫過屋頂，有一隻木舟經過，舟上的人要帶他逃生。這位信徒胸有成竹地說：「不用，上帝會救我的。」木舟離他而去。片刻之間，河水已沒過他的膝蓋。

有一艘汽艇來拯救尚未逃生者。

這位信徒卻說：「不必，上帝一定會救我的。」汽艇只好到別的地方救其他的人。

幾分鐘後，洪水高漲，已到了信徒的肩膀。這個時候，有架直升機放下軟梯來拯救他。

他也不肯上飛機，說：「別擔心我，上帝會救我的。」直升機也只好離去。

水繼續高漲，這位信徒最後被淹死了。

死後，他升上天堂，遇見了上帝。

他大罵：「平日我誠心祈禱您，您卻見死不救。算我瞎了眼啦。」

上帝聽後說道：「你還要我怎樣？我已經給你派去了兩條船和一架飛機啦。」

機會只有一次，成功者應該善於當機立斷，抓住每次機會，充分施展才能。你應當糾正優柔寡斷的短板，拋棄那種遲疑不決、左右思量的不良習慣。只有這樣才能最終獲得成功，得到命運的垂青。

以不變應萬變，以寬容對狹隘

要想在人生路上一路平坦，就必須是一個有涵養的人，同時要有足夠的度量。若心胸狹窄不容他人，他人也必不容你。

——哈佛箴言

處變而不驚，以不變應萬變，以寬容對狹隘，以禮貌謙恭對冷嘲熱諷，不將心思牽絆於一事一物，不將一絲哀怨氣惱掛在心頭，這是一個成功者理應具備的容人雅量。

從前，有一個窮秀才在集市上賣字畫。

有一天，他看見不遠處前呼後擁地走來一位富家少爺。秀才知道這位富家少爺的父親在年輕時曾經欺辱迫害過自己的父親，自己的父親因此憂鬱而死，秀才的心底不由得湧起一陣仇恨的情緒，但是那位少爺並不瞭解這一切。

少爺被秀才的一幅花鳥畫深深吸引住了。他在畫前流連忘返，不願離去，想要買這幅畫。秀才卻將畫收了起來，並聲稱不賣給他。

少爺對那幅畫始終難以割捨，不能忘懷。從此以後，他便因為這幅畫求而不得而得了心病，日漸憔悴。

最後，少爺的父親表示願意高價購買這幅畫。可是秀才寧願把畫掛在他家堂屋的牆上，也不願意賣給他。秀才陰沉著臉坐在畫前，自言自語地說：「這就是我的報復，父債子償。」

沒幾天，那位少爺就死了。

可是秀才並沒有得到報復後的快感，他連日夢見那位少爺天真的笑臉，這使他的良心受到了譴責，終日痛苦不已。

有一天，他應人要求畫一幅佛像。可是，他畫著畫著，就覺得佛像與自己以往畫的佛像有很大的差異，這使他苦惱不已。他費盡心思地找原因，突然驚恐地丟下手中的畫筆，跳了起來。他剛畫好的佛像眼睛竟然是他心中仇人的眼睛，連嘴唇也是那麼相似。他把畫撕碎，高喊道：「我的報復又回報到我的頭上來了。」

生活就是這樣，面對別人的傷害，若一定要以其人之道還治其人之身，最後的結果與其說是報復了自己的敵人，不如說是傷害了自己。

人生在世，免不了要和別人相處，由於每個人的文化水準、工作生活、性格愛好等都不同，相處久了，難免會發生磕磕碰碰和矛盾衝突，嚴重的甚至就會產生仇恨的心理，導致兄弟反目、婆媳不和、同事爭執等。其實，有些矛盾只是些小矛盾，只要有一方豁達一些、大度一些，該寬容的寬容，該忘記的忘記，問題就會迎刃而解，干戈也會化為玉帛。

生活中沒有永遠的仇人，只要心中的怨恨消失了，仇人也能變成朋友。如果仇人瞭解到你對他的怨恨使得自己精疲力竭、緊張不安甚至折壽的時候，他們不是會拍手稱快嗎？那麼，你為什麼要用仇人的錯誤懲罰自己呢？

三分能力，七分責任

聰明、才智、學識、機緣等，固然是促成一個人成功的必要因素，但只要缺乏了責任感，仍是難以成功的。

——哈佛箴言

哈佛有位成功的企業家對「責任」進行的詮釋是：「責任即價值。」責任與價值有著三層的具體含義：第一，只有承擔責任，才有可能創造價值。無論價值的大小，都是因為有人承擔了責任才產生的。第二，承擔責任，是對自身價值的一種證明。你承擔的責任越大，表明你的價值越大，社會和企業就越是需要你。第三，責任是回報的前提，首先不是想自己能夠得到什麼，而應當想想自己承擔了什麼責任。

從前有個國王叫狄奧尼西奧斯，他統治著西西里最富庶的城市西提庫斯。他住在一座美麗的宮殿裡，裡面有無數價值連城的寶貝，一大群侍從恭候兩旁，隨時等候吩咐。

狄奧尼西奧斯擁有如此多的財富、如此大的權力，自然很多人都羨慕他的好運。達摩克利斯就是其中之一，他可以說是狄奧尼西奧斯最好的朋友。

達摩克利斯常對狄奧尼西奧斯說：「你多幸運呀，你擁有人們想要的一切，你一定是世界上最幸福的人。」

狄奧尼西奧斯聽厭了這樣的話，有一天，他問達摩克利斯：「你真的認為我比其他人都要幸福嗎？」

「當然是的，」達摩克利斯回答道：「看你擁有的巨大財富、握有的巨大權力，根本一點煩惱都沒有。生活還有什麼比這更幸福的呢？」

「或許你願意跟我換換位置試試看吧。」狄奧尼西奧斯說。

「噢，我從沒想過。」達摩克利斯說：「但是只要有一天讓我擁有你的財富和幸福，我就別無他求了。」

「好吧，我就跟你換一天，也許到時候你就知道了。」

就這樣，達摩克利斯被領到了王宮，所有的僕人都被引見到達摩克利斯跟前，聽他使喚。他們給他穿上王袍，戴上金子製的王冠。

達摩克利斯坐在宴會廳的桌邊，桌上擺滿了美味佳餚，美酒、鮮花、昂貴的香水、動人的樂曲，一切應有盡有。他坐在鬆軟的墊子上，感到自己成了世上最幸福的人。

「噢，這才是生活。」達摩克利斯對著坐在桌子那邊的狄奧尼西奧斯感嘆道：「我從來沒有這麼高興過。」

他舉起酒杯的時候，一個細長的倒影映在晶瑩剔透的高腳杯上。

「奇怪，上面懸掛的是什麼，尖端幾乎要觸到自己的頭了。」

達摩克利斯好奇地抬眼望了一下天花板。此刻，他看到自己頭頂正懸著一把利劍，僅用一根馬鬃繫著，鋒利的劍尖正對著他的雙眉之間。

達摩克利斯的身體突然間僵住了，笑容也從唇邊慢慢地消失，臉色變得煞白，雙手一直在顫抖，瞬間沒有了胃口，冷汗直冒。他想儘快地逃出王宮，越遠越好，隨便哪兒都行。但是他怕突然一動會扯斷細線，使劍掉落下來，只好僵硬地坐在椅子上，一動不動。

狄奧尼西奧斯問：「怎麼啦，朋友？你這會兒好像沒什麼胃口了？」

達摩克利斯小聲說：「那把劍！難道你沒看見嗎？」

狄奧尼西奧斯說：「我當然看見了。我天天都看得見，因為它一直懸在我的頭上，說不定什麼時候，什麼人或事就會斬斷那根細線。也許是哪個大臣欲將我殺死，抑或有人散佈謠言讓百姓反對我，或者是鄰國的國王會派兵來奪取我的王位，又或者是我的決策失誤使我退位。如果你想做統治者，就必須盡到自己應盡的責任。因為責任與權力同在，這你應該知道的。」

達摩克利斯說：「是的，我知道了。我現在終於明白我錯了。除了財富、榮譽，你還有很多責任。請回到你的寶座上去吧，讓我回到我自己的家。」

從此，在達摩克利斯在有生之年非常珍惜自己的生活，不再想與國王換位了，哪怕是短暫的一刻鐘。

上述的故事提醒大家，如果渴望享受成功的快樂，就必須作好準備，承擔隨之而來的責任。因為，並不是每一個人都敢於承擔自己應盡的責任，任何人都有膽怯的時候。但是，請不要忘記，那是上天賦予你的使命，是你的權利，更是你的義務。

每件事情的發生都有其發生的原因、結果及其收穫。責任永遠不能推卸，也推卸不掉。所有成功的人都有一個共同的品質——責任感。責任可以說是一個人品格和能力的承載，是一個人走向成功必不可少的素養。

當今社會，處處都為人們提供了發展自己事業的機遇。不過，受社會潮流的影響，不少人身上都滋生出了懶散、不受約束、不負責任的壞習慣。在這些人看來，這樣一個時代，謀求自我實現、自我發展、自己創業才是一件很正常的事情。

然而，他們忘了，只有責任感才能實現自己的價值，也唯有具備責任感的人才會受到他人的器重與提拔。

抱怨沒有鞋，卻不知道別人沒有腳

你永遠不是最倒楣的那一個，總有人比你更倒楣。

——哈佛箴言

有時候，倒楣會愛上你，你到哪裡它就跟到哪裡，生活變得一團糟，你的心情完全像烏雲遮月一樣陰暗。這時該怎麼辦，你怎麼才能讓心情美好起來？

說起倒楣，誰都是倒楣事一籮筐。在網上隨便輸進去「倒楣」兩個字，就能搜出上千萬條「倒楣」的資訊，誰都覺得自己是最倒楣的人，可以看到很多類如「我是世界上最倒楣的人」「有誰比我更倒楣」「為什麼我這麼倒楣」等標題，總之，很多人覺得很倒楣、很鬱悶、很難過、很痛苦，生活真是沒勁透了，活著還有什麼意思？

哈威自認自己很倒楣，先是工作沒了，後來經商被騙破產，花了七年時間才還清債務；和妻子離婚後，自己一個人帶孩子，孩子在學校總是闖禍，常常被老師叫去開家長會……總之，沒有一件讓他高興的事，他覺得上天對自己太不公平了，什麼倒楣事都讓他趕上了。

某一天，哈威一如既往地在街道上閒逛，突然有一個黑影從他身邊滑過。他不經意地看了一眼，看到一個沒有雙腿的人坐在一塊簡易的木板上，木板下面像溜冰鞋一樣裝了滑動的輪子，兩手拿著木棍撐住地面往前滑，還要不時注意躲閃過往的車輛和行人。

哈威由於好奇心的驅使，在後面跟著他。因為前面是人行道，要比馬路高一些。正當他的小板子翹起來的時候，與哈威正好四目相對，這人微笑地說：「早安，今天是個好天氣，你覺得呢？」

哈威有點吃驚，「抱歉，我想問您，每天都這樣生活方便嗎？」

那個人坦然地回答道：「說實話，起初並不覺得，但那是很久之前的事了，與現在無關。現在還活著，我已經很幸運了。」

哈威想到過去，突然為自己的行為感到羞愧：「我現在才發現自己原來是這樣幸運，至少我還有兩條健康的腿，能活蹦亂跳的。工作沒了，可以再找；雖然花光積蓄，好在還完了債務；至於妻子，應該找個時間和她好好聊一聊孩子的問題。這一切，都是可以解決的。」

從此，哈威每天早起在刮鬍子的時候，都會看看貼在鏡子上的那句話：「別人騎馬我騎驢，回頭看看推車漢。比上不足，比下有餘。」

猶太人有這樣的諺語：「假如你失去一隻手，該慶幸自己還有另外一隻手。假如失去兩隻手，就該慶幸自己還活著。如果連命都沒了，就沒有什麼可煩惱的了。」當你覺得倒楣的時候，不妨換個角度看問題，看看自己還擁有什麼，這樣你會覺得自己還是很幸運的。

記住，你永遠不是最倒楣的那一個，總有人比你更倒楣。當你遇到不開心的事時，就想想那些比你更倒楣的人吧。再仔細想想，你是不是還擁有其他的東西？比如，有份自己喜歡的工作，有兩個可以訴苦的朋友，有幾件不錯的衣服可以替換，能去上網，能看見明天的太陽，等等。你還有什麼不滿足的呢？

壞習慣是一生的累贅

幾乎一切都難以戰勝壞習慣，以致一個人盡可以詛咒、發誓、誇口、保證，到頭來還是難以改變壞習慣。

——哈佛箴言

一位諾貝爾獎得主說：「好習慣使人終身受益。」在這句話的背後隱含著另外一句話：「壞習慣使人終生受害。」為者常成，行者常至。也許可以這樣說，成功的事業其實是好習慣的必然結果，失敗的事業和人生則是壞習慣導致的惡果。

心理學巨匠威廉・詹姆斯說：「**播下一個行動，收穫一種習慣；播下一種習慣，收穫一種性格；播下一種性格，收穫一種命運。**」壞習慣是一生的累贅，它引導你由成功走向失敗，將可擷取的成功果實化作流水。

一個平時壞習慣很多的小夥子一直沒有得到愛神的青睞。他的朋友熱心地給他介紹了一個女孩。

在他出門之前，他的朋友一再忠告他：

「你一定要收斂起你以前的壞習慣，第一，你下車後，要替女孩開門；第二，女朋友入座時，你應在她椅子後面幫她拉椅子；第三，她說話時，你要溫柔地看著她；第四，她需要什麼東西，你一定要搶先做好，不要讓她動手。如果這些都能做到，那十之八九就能成功得到她的芳心。」

第二天，他打電話給朋友，沮喪地說：「我沒有希望了。」

朋友問他：「你是不是忘了替她開車門？」

他說：「不，她替我開的。」

朋友又問：「你是不是忘了幫她入座？」

他說：「我沒有那個習慣。」

朋友又問：「你是不是在她說話的時候東張西望？」

他說：「不，我在打瞌睡。」

最後，朋友問：「那你有沒有幫她做什麼事情呢？」

他說：「我不小心打翻了她手裡的飲料杯。」

培根在《論習慣》中告誡人們：「**人的思考取決於動機，語言取決於學問和知識，而他們的行動多半取決於習慣。**」習慣的養成，好似細繩變成繩索。每一次重複相同的行為，就增加並強化它，繩索又變成纜繩，最終就成了根深蒂固的習慣，把人們的思想與行為纏得死死的。

習慣是一柄雙刃劍，好的習慣是人生進步的階梯，壞的習慣則是絆腳石。要擁有成功與幸福的人生，就要努力培養好習慣，不斷克服壞習慣。

有人對一百四十八名傑出青年的童年作過研究，發現良好習慣與健康人格是他們成為傑出青年的重要原因。壞習慣往往伴隨人們的一生，而人們又不自知。自卑、懶惰、自私常常是壞習慣的座上客，是導致半途而廢的主要原因，也是成功的大敵。

仔細想想，你瞭解自己嗎？你能掌握或是控制自己嗎？若是你對失敗習以為常，這種感情色彩將在你所做的一切事情中留下烙印，同樣地，如果你能建立起一個成功的模式，你便能夠激勵起勝利的感情色彩。

從這個意義上說，改變了習慣，也就改變了你的命運走向。

人是環境的產物，習慣對人們有著巨大的影響。有人說，養成一個好習慣，比一年賺一百萬還有價值。只有在自我修養的路上謹慎篤行，才會讓靈魂閃光，才會讓自己在進步的征程中漸行漸遠。

古人說：「少成若天性，習慣如自然。」一個最高尚的人也可以因壞習慣而變得愚昧無知、粗俗無禮。壞習慣給人們的生活帶來了不便，阻礙了人們前進的路。

為了不讓壞習慣左右你的未來，從今天起，不要再疏忽壞習慣的影響。

人生最大的厄運就是惰性

在這個社會上，不論什麼人要想做成一件事，都必須抗擊來自人性中懶惰的缺點，使外界的逼迫變為內心的自覺。

——哈佛箴言

大多數的人喜歡舒適，能躺著拿到東西絕對不會坐起來，能坐著拿到東西絕對不會站起來，能站著拿到東西絕對不會跳起來。舒適是個極壞的東西，是滋生懶惰的溫床，腐朽、墮落等現象大多因舒適而衍生。

一個鐵匠用同一塊鐵打了兩把鋤頭，擺在地攤上賣。農民買走了其中的一把鋤頭，馬上就下地使用起來；另外一把鋤頭被一個商人得到，因為無用，被閒置在商人的店裡。

半年以後，兩把鋤頭偶然碰到一起。原本質地、光澤、鍛造方式都相同的兩把鋤頭現在大不相同。農民手裡的鋤頭，好像銀子似的閃亮，甚至比剛打好時更光亮；而那把一直被商人放在店裡的鋤頭，卻變得暗淡無光，上面佈滿了鐵銹。

「我們以前都是一樣的，為什麼半年之後，你變得如此光亮，而我成了這副樣子了呢？」那把生滿鏽跡的鋤頭問它的老朋友。

「原因很簡單，這是因為農民一直使用我勞動。」那把光亮的鋤頭回答說，「你現在生了鏽，變得不如以前，是因為你老側身躺在那兒，什麼活兒也不幹。」

故事中的兩把鋤頭本來條件一樣，一把鋤頭因為到了勤勞的農民手裡，每天跟著農民一起勞動，所以變得比剛打好時還光亮有力；而另一把鋤頭因為一直閒置在商人的店裡無所事事，所以變得黯淡無光，並且佈滿了鐵銹。由此可見，勤奮和懶惰所帶來的結果是多麼的懸殊。

刀越磨越鋒利，鋤頭越用越光亮，人越學越聰明。勤奮和懶惰都是一種習慣，只不過勤奮的習慣使人走向光明，懶惰的習慣使人走向越來越深的黑暗。

比爾·蓋茲說：「懶惰、好逸惡勞乃是萬惡之源，懶惰會吞噬一個人的心靈，就像灰塵可以使鐵生銹一樣。懶惰可以輕而易舉地毀掉一個人，乃至一個民族。」

所以，大家應該用勤奮築一道防護堤，阻擋懶惰的靠近。

傑克·倫敦的童年生活充滿了貧困與艱難，他每天跟著一群惡棍在三藩市灣附近遊蕩。說起學校，他不屑一顧，並把大部分的時間都花費在偷盜等勾當上。

有一天，他漫不經心地走進一家公共圖書館內開始讀起名著《魯濱孫漂流記》時，他看得如癡如醉，並受到了深深的感動。

在看這本書時饑腸轆轆的他，竟然捨不得中途停下來回家吃飯。第二天，他又跑到圖書館去看別的書，另一個新的世界展現在他的面前——如同《天方夜譚》中巴格達一樣奇異美妙的世界。從這以後，一種酷愛讀書的情緒便不可抑制地左右了他。

一天中，他讀書的時間有十到十五小時，從荷馬到莎士比亞，他都如饑似渴地讀著。十九歲時，他決定停止以前靠體力勞動吃飯的生涯，改成以腦力謀生。他厭倦了流浪的生活，不願再挨警察無情的拳頭，也不甘心讓鐵路的工頭用燈按自己的腦袋。

於是，他在十九歲時，進入加州的奧克德中學。他不分晝夜地用功，從來就沒有好好地睡過一覺。

天道酬勤，他也因此有了顯著的進步，只用了三個月的時間就把四年的課程念完了。通過考試後，他進入了加州大學。

他渴望成為一名偉大的作家。在這一雄心的驅使下，他一遍又一遍地讀《金銀島》《基督山伯爵》《雙城記》等書，之後就拼命地寫作。他可以用二十天的時間完成一部長篇小說。他有時會一口氣給編輯們寄出三十篇小說，但它們統統被退了回來。

後來，他寫了一篇名為《海岸外的颶風》的小說，這篇小說獲得了《三藩市呼聲》雜誌所舉辦的徵文比賽頭獎，但他只得到了二十美元的稿費。五年後，他有六部長篇與一百二十五篇短篇小說問世。他成了美國文藝界知名的人物之一。

一個人的成就和他的勤奮程度永遠是成正比的。懶惰者是不能成大事的，因為

懶惰的人總是貪圖安逸，缺乏吃苦實幹的精神，總存有僥倖心理。而成大事之人，他們更相信「勤奮是金」。不經歷風雨怎麼彩虹，一個人怎能隨隨便便成功？

那麼怎樣才能培養勤奮的習慣，戰勝懶惰的心理呢？

以下是幾點克服懶惰的好方法，不妨試一試。

第一，保持一顆進取心。進取心是一種永不停息的自我推動力，它會使你的人生更加崇高。擁有進取心之後，那些不良的惡習就沒有了滋生的環境和土壤。久而久之，懶惰的習性就會逐漸消失。

第二，學會肯定自我，勇敢地把不足變為勤奮的動力。學習與勞動時都要全身心投入爭取最滿意的結果。無論結果如何，都要看到自己努力的一面。如果改變方法也不能很好地完成，說明是技術不熟或還要完善其中某方面的學習。扎實的學習最終會讓你成功的。

第三，規律生活。生命活動是有規律進行的，一個人起居有常，三餐適時，勞逸適度是身體健康的保證。懶散之人往往散漫成性，生活雜亂無章，睡無時、食無量，身體各系統的功能活動很難與環境相適應。時間久了，身體健康會受到摧殘。

第四，使用日程表。日程表可以幫你把所有事項有條理地記錄在上面，並時時提醒你抓緊行動，許多成功人士均有這種日程表，如「富蘭克林的計畫簿」。

第五，在住宅之外的地方學習。人的行為在住宅內外是有很大差異的。家一般是休息之所，故在家裡容易鬆懈。在家之外的地方，特別是在圖書館等有學習氛圍的地方，則會緊張起來。此外，有些懶惰的惡習，如躺在床上看閒書，若離開了家，就剷除了它賴以存在的土壤。還有，家裡供你消遣的東西太多，電視、電腦、電話、食物，這些東西都是能誘使你分心的潘朵拉魔盒。離開了家，就離開了這些誘惑。

第 8 課
正確的價值觀是努力的基礎

哈佛的校訓是：「讓真理與你為友。」那麼，到底什麼是真理呢？每一個國家、民族對這個詞彙都有不同的理解。在哈佛大學，它被賦予的含義是：「真相、誠實和正直。」

用自己的眼睛來判斷

全心依賴自己，在自己之中擁有一切。如果說這樣的人還不幸福，你又能相信誰呢？

——哈佛箴言

任何一件事情，都有兩個以上的觀點存在。為什麼呢？因為一個人很難完全看清這件事情的全貌，只能從某個角度看到部分真相。看待問題的角度不同，就會形成不同的觀點，也會存在觀點衝突。為了獲得真知，為了做對事情，有必要多聽聽別人的意見，這樣就可以對事情真相瞭解得更多。

但是，完全聽從別人的觀點，沒有自己的主見，就會無所適從、失去自我。所以，既要在別人的觀點中博採眾長，也要相信自己的眼光和判斷。世上沒有絕對的東西，每一件事也因個人衡量的標準、立場不同而改變其價值。因此，要善於利用自己的雙眼，別人的判斷並不能代表你的想法。

波蘭有句諺語：「自己的一隻眼睛，勝過別人的一雙眼睛。」這句話的意思是：**「以自己的眼睛，去確定事實真相。」**

除了依賴眼睛之外，還要善用頭腦。任何一件事都要經過判斷才做出結論，而不能人云亦云。

做任何事情，每個人都會按自己認為正確的方式去做。但這樣做到底是否真的正確呢？有時很難判斷。因為真理往往會在假象中蒙塵，很難一目瞭然。那麼，是否應該等到完全確認這件事情的正確性之後再去做呢？當然不行。真理要靠行動發掘，如果等到完全正確後再去做，就將止步於探求真理的途中。

對此，哈佛人的觀點是，在從事自己認為有價值的事時，假如沒有確實的證據證明它是錯的，就不妨假設它是對的，並勇往直前。要全心相信自己所做事情的價值，即使受到阻撓和誹謗，也不改變信念。只有這樣，才能完成偉業。

奧本海默一直以來都是哈佛人的驕傲，因為他是世界上第一顆原子彈的創始人。那是在「二戰」時期，奧本海默負責了整個「曼哈頓工程」，為美國製造原子彈。

製造原子彈對整個人類來說也是一件開天闢地的大事，因此也就意味著這件事沒有任何成功的經驗可以借鑒。很多人認為這項工作不可能完成；還有很多人認為，假如原子彈研製成功，對人類將是一個災難。

但是，奧本海默堅信自己工作的價值，堅信自己想努力達成的一切是對的，因為他知道德國人正在加緊研製原子彈。核武器一旦被惡魔希特勒首先掌握，後果將不堪設想。所以，奧本海默下定決心，一定要在德國人之前把原子彈製造出來。

他知道，可能也會有人因此詛咒他。他畢竟是在製造人類歷史上第一個能使人類毀滅的武器。但他確信自己所做的事是對的，是為全人類服務的，這個事實給了他無窮的力量。他對所有關於原子彈的消極論調一概置之不顧，以極大的熱情，全身心投入這項史無前例的艱巨工作中。

為了早日獲得成功，奧本海默不僅自己努力工作，還熱情地激勵他的每一位同事。他認為，必須依靠廣大科學家的集體智慧才能完成這項劃時代的工作。他每週舉行一次學術討論會，鼓勵每位科學家暢所欲言、獻計獻策。

他的同事回憶說：「奧本海默是我見過最好的實驗室主任，因為他頭腦十分靈活，瞭解實驗室幾乎每一項重要的發明，也因為他對別人的心理有很不尋常的洞察力，這一點在物理學家中是很少見的。人人都感到，奧本海默關心每一個人的工作。他善於挖掘每一個人的內在潛力，善於鼓舞人。他和人談話時，總要使對方明白，你的工作對整個工程的成功來說是重要的。我們不記得在洛斯阿拉莫斯時他對誰不好，雖然戰前和戰後他常同別人鬧彆扭。在洛斯阿拉莫斯，他沒有使任何人感到自卑，一個也沒有。」

成功屬於那些對自己事業充滿狂熱和具有堅定信念的人。可以說正是這種堅強的意志造就了奧本海默的成功。終於在一九四五年，原子彈問世了。

大家應該注意，「相信自己所做事情的正確」並不是盲目的自以為是。正確與否，源於對某些事實所作的判斷。可以看不到事實的全部，但絕不能完全背離事實，尤其是某些核心事實。比如，奧本海默認為應該研製原子彈，是基於這樣一個事實：假如法西斯首先掌握原子彈，全人類將面臨滅頂之災。

那麼，原子彈研製成功，會不會帶來副作用？這在當時來說，是一個需要時間證明、暫時看不到的事實。在判斷事物價值時，看不到的事實當然要讓步於可見的事實。

當然，並不是說你應該以眼前得失作為判斷依據。恰恰相反，為了事業成功，你應該為了長遠之得而承受眼前之失。

亨利・福特為了堅持自己認為正確的事，曾跟他的同事們進行了一場激烈的辯論。

那時候，福特汽車公司生產出了價廉物美的T型車，當年即售出一千多輛，形勢似乎大好。沒想到，年底時結算，發現根本沒有賺到錢。

這是什麼原因呢？原來，為了讓T型車更加完美，公司每裝配成一部汽車，亨利・福特都要求對各種機件的結構、功能作詳細檢查和試驗，然後再繪出幾種另外的圖樣進行研究比較。如果認為原有的機件不好，就在下一部汽車中加以改進。

如此一來，幾乎每輛車的零件都不完全相同，無法批量生產，成本自然偏高。為此，在公司董事會上，福特遭到以柯金斯為首的股東們的責難。他們認為，照這樣做是不可能賺到錢的。

福特耐心解釋說：「現在是不賺錢，前景卻妙不可言。」

柯金斯說：「有一個事實，你可能沒有注意到，福特先生。汽車零件的型號不固定，一天一變。請問，買我們汽車的人，如果零件壞了，要換一個新的，你拿什麼給人家？」

福特說：「只好替顧客照原樣做一個。」

柯金斯冷笑說：「你不覺得這違反常識嗎？這樣做，成本將高得讓我們無法承受。」

福特解釋：「這是因為目前的汽車零件還不夠理想，只有不斷改進才能使之完善。到那時，零件就可以量產了，成本也會隨之降低。」

在福特的堅持下，公司決策層終於達成共識，全力支持T型車的開發和生產。幾年後，近乎完美的T型車終於問世，它就像一陣旋風似的暢銷全美國。福特公司也由此爭得汽車行業的霸主地位。

福特考慮長遠發展，是正確的；柯金斯考慮眼前利潤，也沒有錯。在生活中，當你面臨的意見衝突時，經常不是誰對誰錯的問題，而是誰更正確的問題。那麼，判斷的依據是什麼呢？該在什麼時候堅持自己的意見，又該在什麼時候採納別人的意見呢？

哈佛人提供了一個簡易的判斷標準：**哪種意見對公眾更有利，哪種意見就更正確**。奧本海默的堅持，能為人類提供安全保障；福特的堅持，能為顧客提供價廉物美的產品，他們的堅持對公眾更有利，完全可以認為是正確的。

在生活中，只要確信自己所做的事對公眾有利而不僅僅是對自己有利，那麼就可大膽相信自己所做的是一件極具價值的事，並且勇往直前。

盲從就是對自己不負責任

人要有獨立的思想與觀點，不可人云亦云。盲從和謬誤不會帶來成功與幸福，只有堅持真理的人才能在人生道路上走得更好更遠。

——哈佛箴言

影響獨立思考的一個重要原因就是「從眾定式」。「從眾」就是服從眾人、順從大多數。在「從眾定式」的影響下，別人怎樣做，自己也怎樣做；別人怎樣想，自己也怎樣想，缺乏獨立思考的意識。

哈佛大學的一位教授為了說明人的從眾心理，在課堂上了這樣的故事：

有一種奇怪的蟲子，叫「排隊毛毛蟲」。顧名思義，這種毛毛蟲喜歡排成一個隊伍行走。最前面的一隻負責方向，後面的只管跟從。

一個生物學家誘使領頭的毛毛蟲圍繞一個花盆繞圈，其他的毛毛蟲跟著領頭的毛毛蟲，在花盆邊沿首尾相連，形成一個圈。這樣，整個毛毛蟲隊伍就無始無終，每個毛毛蟲都可以是隊伍的頭或尾。每個毛毛蟲都跟著牠前面的毛毛蟲前行，周而復始。

幾天後，毛毛蟲依次從花盆上掉了下來。

在課堂上，請了一個化學家來展示他最近發明的某種揮發性液體。主持人將戴著墨鏡、滿臉大鬍子的化學家介紹給學生後，化學家用沙啞的嗓音向同學們說：

「我最近研究出一種有強烈揮發性的液體，現在我要進行實驗，看它要用多長時間能從講臺揮發到全教室，聞到味道的人馬上舉手，我要計算時間。」說著，他打開了密封的瓶塞，讓透明的液體揮發。

不一會兒，後排的同學、前排的同學、中間的同學都先後舉起了手。不到兩分鐘，全體同學都舉起了手。

此時，化學家把大鬍子扯下，拿掉墨鏡，原來是學校的德語老師。

他笑著說：「這裡面裝的是蒸餾水。」

教授通過這些有趣又很有哲理的故事，說明了無論是動物還是人，都很容易盲從。從表面上看起來只是個人的性格問題，其實它可以給人的生活、事業套上無形的枷鎖。因此，盲從危害不僅在於你不能獨立思考作出合理判斷，而且必定失去自我。因為，你早已失去了信心，失去了用自己的頭腦思索問題並作出人生抉擇的能力，而沒有個人獨立思維的人是不會有什麼成就的。

作為一名成功的證券投資商，霍希哈從來不魯莽行事。他的每一個決策都是建立在充分掌握第一手資料的基礎上。他有一句名言：「除非你十分瞭解內情，否則千萬不要買減價的東西。」這是他用自己的慘痛經歷換來的教訓。

一九一六年，剛剛踏入股市的霍希哈用自己的全部積蓄買下了雷卡爾鋼鐵公司的大量股票。他原本希望這家公司走出經營的低谷後，自己可以賺一筆，但是，他犯下了一個不可饒恕的錯誤。他沒有注意到這家公司的大量應收賬款實際已成死賬，而它背負的銀行債務即使以最好的鋼鐵公司的業績水準來衡量，也得用三十年時間才能償清。結果，雷卡爾公司不久就破產了，霍希哈也因此傾家蕩產，只好從頭開始。

從那以後，霍希哈每一次投資都小心謹慎。一九二九年春天，就是世界經濟危機來臨的前夕，大家都在瘋狂地買入股票時，霍希哈卻將全部的股票拋售出去，淨賺了四百萬美元。他說：「當全美國的人們都在談論股票，連醫生都停業去做股票投機生意的時候，你應當意識到這一切不會持續很久了。」事實證明他的選擇是明智的，他幸運地躲過了這場災難。

霍希哈的決定性成功來自於開發加拿大亞特巴斯克鈾礦的項目。霍希哈從戰後世界局勢的演變及核武器的巨大威力中感覺到，鈾將是地球上最重要的一項戰略資源。

於是，從一九四九年到一九五四年，他在加拿大的亞特巴斯克湖買下了大片土地。亞特巴斯克公司在霍希哈的支持下，成為第一家以私人資金開採鈾礦的公司。然後，他又邀請地質學家法蘭克・朱賓擔任該礦的技術顧問。

在此之前，這塊土地已經被許多地質學家勘探過，分析的結果表明，此處只有很少的鈾。但是，朱賓對這個結果表示懷疑。他確認這塊土地藏有大量的鈾。他竭力向十幾家公司遊說，勸它們進行一次勘探。但是，這些公司均表示無此意願。而霍希哈在聽取了朱賓的詳細彙報之後，覺得這個險值得去冒。

一九五二年四月廿二日，霍希哈投資三萬美元勘探。在五月份的一個星期六早晨，他得到報告：在七十八個礦樣中，有七十一塊含有品質很高的鈾。朱賓驚喜得大叫：「霍希哈真是財運亨通。」霍希哈從亞特巴斯克鈾礦公司得到了豐厚的回報。

一九五二年初，這家公司的股票尚不足四十五美分一股，但到了一九五五年五月，亞特巴斯克公司的股票已飛漲至兩百五十二美元一股，成為當時加拿大蒙特利爾證券交易所的「黑馬」。

在加拿大初戰告捷之後，霍希哈立即著手尋找另外的鈾礦，這一次是在非洲的艾戈瑪。與上一次驚人相似的是，專家們以前的鑽探結果表明艾戈瑪地區鈾的資源並不豐富。

但霍希哈更看中在亞特巴斯克鈾礦開採中立下赫赫戰功的法蘭克・朱賓的意見。朱賓經過近半年的調查後認為，艾戈瑪地區的礦砂化驗結果不夠準確。如果能更深地鑽入地層勘探，一定會發現大量的鈾礦床。

一九五四年，霍希哈交給朱賓十萬美元，讓他正式開始鑽探的工作。兩個月以後，朱賓和霍希哈終於找到了非洲最大的鈾礦。這一發現，使霍希哈的事業躍上了頂峰。

一九五六年，據《財富》雜誌統計，霍希哈擁有的個人資產已超過二十億美元，排名世界前一百位富豪榜第七十六位。

如果有人沒有看過某本書就對它發表評論，那麼你肯定不會相信和贊同他的觀點。同樣的道理，如果你對某個問題沒有充分的認識和瞭解就輕率地得出某種結論，那麼你的結論一定也沒有說服力。這就是人們通常所說的「沒有調查就沒有發言權」，道理很好理解，但真正不辭辛苦、排除萬難地做到卻不容易。

獨立思考，不從眾，儘管很多人都明白這個道理，但是在實踐中往往被從眾心理拉到真理的另一邊。因此，不從眾的關鍵是要有自信、有勇氣、有正氣。

獨立思考時，首先要仔細地考慮一下，它是否真的是自己內心的真實想法。傾聽各種人的意見、集思廣益是必要的，但更要聽從內心的召喚，獨立思考，作出決斷。

不向權勢人物折腰

大學最根本的任務是追求真理本身，而不是去追隨任何派別、時代或局部的利益。

——哈佛箴言

在生活中，很多人認為靠名人的影響力才能出名，巴結討好權勢人物才有做強、做大的機會，所以，平時總是對名家和權威機構小心呵護，視若神明。然而，他們不知道，一個人如果不能堅持自己的個性，隨時向權勢人物折腰，其人生事業發展必然是畸形、不健全的。

數百年來，哈佛大學始終堅持學術自由、思想獨立的原則。從不會因任何政治權力而放棄自己的原則，更不會改變自己的風格去討好當權人士。

其實，哈佛並不吝於授予榮譽，但它只授給有資格擁有名譽職位的人。如果他沒有資格擁有，即使總統也別想得到它。

世界著名外交家、政治家季辛吉博士最初是在哈佛大學執教多年的教授。在他步入政壇之後，曾經先後出任國家安全事務助理、國務卿等多種高級職務，從而離開了哈佛的教授崗位。

按美國大學的規定，凡從政者不能兼職。因此，季辛吉必須辭去教授職務，他雖依然具有大學教授的任職資格，但不再是哈佛大學的在職教授了。

季辛吉功成名就後，表示很想重回哈佛大學擔任教授，但被哈佛大學婉言謝絕，原因是他不會給學生上課。對此，時任哈佛大學校長的博克教授解釋道：「季辛吉是個學識淵博的人。論私交，我和他的關係也不壞。但我要的是教授，不是不上課的大人物。」

按照一般人的觀點，也許會想季辛吉博士作為資深政治家、外交家，不僅政績不凡，有相當的社會知名度和影響力，而且知識淵博，聘請一個這樣的人來當教授，對學校的知名度大有好處。

但是，哈佛大學從來不想借助任何名人的知名度。因為這裡是一個盛產名人的地方，美國總統、諾貝爾獎獲得者、普利茲獎得主及各行各業的頂尖人士都從這裡誕生。它也不需要借某個人揚名，所以招聘教授，只看求職者的任職條件，從不考慮其資歷及背景，更不看他當年所擔任過什麼高級官銜。不管你是誰，名氣有多大，只要不履行教授的義務，就不可能聘任你。對季辛吉這樣擁有教授資格的大牌人物，哈佛大學也照樣不給面子。

哈佛大學不向權勢人物折腰，絕不是因為它妄自尊大。它的教育訓誡是「與真理為友」，而不是「與權勢為友」，唯有如此，才能保障學術自由、思想獨立。這正是它屹立百年而不倒的根基。

再者，師資力量的強弱，直接關係到一個學校教學和學術研究的品質，關係到學校的核心競爭力。如果因為某個擁有特殊地位就網開一面。此例一開，各種類似的事情會隨之發生，它將如何繼續維持自己的競爭力呢？

大學是一個教書育人的地方，眾多的大學生走上社會後，他們所受的教育和產生的影響是深遠的。無論是一所大學還是一家公司，都要有自己的原則與個性。一旦迎合了某些人的口味而隨時遷就，原則和個性就失去了，競爭力也將同時消退。

哈佛大學不向權勢人物折腰，無疑給它的學生們作出了一個很好的示範。

一次，季辛吉出訪，來到耶路撒冷，想順便造訪在當地名氣頗大的芬克斯酒吧。他親自打電話預約，接電話的正是該酒吧的老闆羅斯恰爾。出於安全考慮，季辛吉要求在他造訪時，酒吧謝絕接待其他客人。

其實，按國際慣例，季辛吉這個要求並不過分，而且對老闆羅斯恰爾來說，也是一個提高酒吧知名度的好機會。

但出人意料的是，老闆一口回絕了他：「您想光顧本店我很榮幸，但我不能因為您的光顧而拒絕接待其他客人，因為他們都是支撐本店生意的人。」

季辛吉雖然受到了拒絕，卻從心底裡欣賞羅斯恰爾做生意的原則。第二天，他又打電話給羅斯恰爾，說次日即將造訪，並且不必拒絕其他客人。

芬克斯酒吧對客人一視同仁的態度讓人更加敬佩，從此更是聲名遠揚。

堅守人格底線

做人要堅守人格底線，每一個人都如此，社會才會更美好。

——哈佛箴言

很多人都認為，倫理道德只是些冠冕堂皇的說辭，讓人覺得響亮動聽，實際上真正能說到做到的人並不多。就像說謊，誰都知道說謊不好，可說謊者還是大有人在。哈佛在這方面一直以嚴格著稱。

開禁釣鱸魚的前一天晚上，一個孩子和父親很早就來到了湖邊，撒出蚯蚓來誘釣鱸魚。當漁竿被有力地牽動時，孩子明白水底下有個大東西上鉤了，他感覺這是他見過的最大的鱸魚。

父子倆興奮異常地瞧著這尾大魚，月光下隱約可見魚鰓還在翕動呢。父親劃了根火柴看看手錶，還沒到開禁時間。

父親看看鱸魚，又看看兒子，終於說：「孩子，你必須把魚放回湖裡去。」

「爸爸！」兒子喊道。

「我們還能釣到其他的魚。」父親補充道。

「我們不可能再釣到這麼大的一條！」兒子大聲嚷著。

與此同時，孩子舉目環視，朗朗月光下見不著任何釣魚人和捕魚船，他眼巴巴地盯著父親。可父親的決定毫無通融的餘地。他只好慢慢從大鱸魚口中拔出魚鉤，將魚放回到湖裡。

事情過去幾十年了，孩子已成為紐約一位知名的建築師。在現實生活中，每當遇到有悖於道德的事情時，他眼前總是會一次又一次地浮現出那條難忘的大鱸魚。

能否時刻遵守內心正直的道德底線將成為考驗我們人格的試金石。在人的一生中，始終有一雙正直的眼睛一直在看著你，時刻監督著你的行為。能夠在關鍵時刻守住底線，方能體現你的英雄本色。

底線問題處處存在，商場也有它的身影。想要獲得利益就必須符合道德、法律和倫理。在這方面，李嘉誠就給人們樹立了榜樣，他曾經斷然拒絕高價收購股票的故事在香港被廣為流傳，也因此而贏得了極高的聲譽。

李嘉誠曾擁有一家公司的大額股份。由於經營上的原因，另外一家公司對其心懷惡意，便開始大量收購這家公司的股權。他們發現，只要收購了李嘉誠持有的這些股份，就能完全控制該公司。

所以，這家公司找到了李嘉誠，並開出上百億的收購天價。

但李嘉誠不為利益所動，而是嚴詞拒絕，原因在於這家公司收購的動機只是為了報復而非發展。

每一個人都要守住自己的人格底線，這是一個人最基本的準則。

獨立思考，善於質疑

創造權力的人對國家的強大作出了必不可少的貢獻，但質疑權力的人作出的貢獻同樣必不可少，特別是當這種質疑與私利無涉之時。因為，正是這些質疑權力的人們在幫助人們作出判斷：究竟是你使用權力，還是權力使用你。

——哈佛箴言

大家知道，哈佛大學在歷史上出了幾十位諾貝爾獎得主。獲得諾貝爾獎必須有很強的獨立思考能力和分析能力，否則不可能發現問題、解決問題，尤其是在權威面前。

哈佛大學自身不僅是這樣說的，也是這樣做的。作為世界矚目的名校，來自各方面最尖刻的批評，時刻讓哈佛大學接受著挑戰，而哈佛大學對這些批評給予鼓勵。誰批評了哈佛大學，誰就會被請進學校去演講。管理學家史坦勒博士就是因為激烈地批評哈佛大學企業管理教育的弊端而被哈佛大學聘為教授的。

二〇〇八年，哈佛大學的教授麗莎・藍道爾在一次核裂變實驗中意外發現有微粒突然消失，由此大膽假設這些消失的微粒可能飛入了人類看不到的「第五度空間」，挑戰愛因斯坦的廣義相對論。

她大膽提出地球可能存在「第五度空間」，這一假說與愛因斯坦的廣義相對論中關於「四度空間」的理論相悖，國際物理學界為之震驚。「我認為（地球上）存在『第五度空間』等其他的維度。如果這個假設正確，那麼其他空間其實離我們並不遙遠，甚至可以說近在咫尺。只是它們隱藏得很好，我們看不到而已。」

她堅持自己的發現，把「第五度空間」變成全新的理論，應用於世界上規模最大的大型粒子對撞機。

哈佛大學的這種理念在學生中的體現，就是在學習的每一個環節上都善於質疑。例如，他們在課堂討論時，質疑教師、挑戰現存理論和方法，而這種行為是得到老師加分的重要來源。如果一個學生沒有在課堂上提出疑問或不同見解，那麼哈佛大學的教授們對他一般只會有兩種評價：「要麼對這門學科不感興趣，要麼沒有學習能力。」無論哪種情況都不能給他好分數。

在課堂上，他們的理念是「老師儘量不要回答學生的問題」「一定不要讓學生認為老師是回答問題的機器」。如果學生提問，他們一般會提供一些參考資料或幾個備選答案讓學生自己去探索。

來自外界的權威對獨立思考來說是一種制約。這種權威定式的形成，主要通過兩條途徑：一是兒童在走向成年的過程中所接受的「教育權威」；二是由於社會分工的不同和知識技能方面的差異所導致的「專業權威」。

人是教育的產物。來自教育的權威定式，使人們逐漸習慣以權威的是非為是非，對權威的言論不加思考盲信盲從，其結果正如傳統的「聽話教育」那樣，在家聽父母的話，在學校聽老師的話，在單位聽領導的話，而唯獨缺少「自我思索、衝破權威、勇於創新」的意識。

權威定式形成的第二條途徑，是由深厚的專業知識所形成的權威，即「專業權威」。這種專業權威又以兩種形式影響著我們：一種是與你在同一領域中的權威，比如你的老師和同一領域的專家；另一種就是專業領域之外的權威。由於時間、精力和客觀條件等方面的限制，一個人在自己的一生中，通常只能在一個或少數幾個專業領域內擁有精深的知識，而對於其他大多數領域則知之甚少，甚至全然無知，這就是「聞道有先後，術業有專攻」的道理。

面對各種權威，該如何保持自己的獨立性呢？

面對權威，大家要獨立思考、善於質疑：「他是不是絕對正確？其言論是否與權威的自身利益有關？事實的真相已經完全被揭示了嗎？」但是說出自己的觀點，前提是要有充分的知識和經驗，讓你站出來打破權威的自信，這就需要你平時的修煉了，也就是你要有獨立思考的基礎知識積澱。

挑戰權威不是為挑戰而挑戰，而是為驅除權威對思想的禁錮，為尋求真理而挑戰。質疑也不是要懷疑一切，而是要求人對凡事不僅要知其然，還要知其所以然，要有自己的想法，有自己的思維和角度，不能一葉障目、盲信偏聽。

避免愚蠢的固執

人們不是看到事實，而是對自己看到的東西進行解釋並稱之為事實。

——哈佛箴言

某些你認為正確的主張，可能是一種偏離事實的解釋。無論它看起來多麼合乎邏輯，也可能是錯的。秉持這種理念，並不是為了打擊自己的信心，而是告訴自己要保持理智，努力探求事物的真相，避免愚蠢的固執。

固執的人絕不肯承認自己的認知之外還有新的天地，絕不肯承認自己的意見之外還有更正確的意見。他們堅決維護某個觀點或主張，儘管這個觀點或主張找不到多少事實或理論依據，但他們認為理由已經很充分了。所以，無論在家庭還是在工作單位，經常可以看見「公說公有理，婆說婆有理」式的爭吵，雙方都不肯承認對方的觀點也有可能是對的。因為在他們看來，自己肯定站在正確的一方，對方毫無疑問絕對是錯了。

事實上，在無窮無盡的世間萬象面前，每一個人都是盲人。就像那個寓言故事中的情況一樣：在摸一頭大象時，摸到一隻耳朵，就說大象是一把蒲扇；摸到一條腿，就說大象是一根柱子。無論說大象是蒲扇或柱子，並非完全錯誤，但肯定也不是完全正確。有時候，不得不根據有殘缺的知識來做一些事情，但絕不可認為這就是真理。比較聰明的方法是聽聽別人說什麼，綜合多方面的資訊，也許對這頭大象的認知會更準確一點。

但是，固執的人總認為真理在手。因為他們確確實實感受到了什麼，肯定錯不了。這就止步於通向正確的路途中，與真實相距甚遠。

行動執拗比言語強硬更危險，因為做比說的風險更大。當人們習慣於堅定捍衛自己認同的一切並身體力行時，就有可能將愚昧當成智慧，做出蠢事來。

索羅斯說：「我們對世界的所有認知都有缺陷。因為我們無法透過沒有折射作用的稜鏡來看待這個世界。」這是一種傑出人士普遍認同的觀點。因為資訊不足及情緒障礙，會對每一件事產生偏見。所謂真理，只是一個有待探求的目標，人們與真理相距甚遠。人類真正能做到的不是得到完全正確的結論，而是如何得到更正確的結論。

傑出人士深明此理。所以從不固執己見。他們隨時準備被更正確的觀點說服。偉大的發明家愛迪生說：「有許多事情，我以為是對的。但是實驗之後，我卻錯了。因此無論對任何事我都沒有一種很自信的判定。如果某事臨時讓我覺得不對，我便可以馬上拋棄。」

傑出人士跟普通人一樣，也會在每一個問題上發生錯誤。但他們有勇氣隨時向正確靠攏，甚至不惜為此蒙受損失。這使他們能避免更大的損失，得到更正確的結果。

為了檢驗學生自我思考的獨立意識，教授說：「有兩個人從高大的煙囪裡掉下去，一個渾身髒兮兮的，一個很乾淨，誰會去洗澡呢？」

學生回答：「很髒的人看著很乾淨的人會想，我身上一定也是乾淨的；很乾淨的人看著很髒的人會想，我身上一定也是很髒的。所以，是乾淨的人會去洗澡。」

教授問：「那麼，兩個人後來又掉進高大的煙囪，誰會去洗澡呢？」

學生說：「當然是那個很乾淨的人。」

教授說：「你錯了。很乾淨的人在洗澡時，發現自己並不髒；而那個很髒的人則相反。他明白了那位乾淨的人為什麼要去洗澡，所以這次他跑去洗了。」

教授再問：「第三次從煙囪掉下去，誰又會去洗澡呢？」

學生說：「當然還是那個很髒的人。」

教授說：「你又錯了。你見過兩個人從同一個煙囪掉下去，其中一個很乾淨，一個很髒嗎？」

教授對學生這輪番的提問可能會讓學生感到不知所措，但是他告訴學生一個道理，就是獨立思考意味著要理性分析，對具體問題要具體看待，對變化了的事物要重新根據變化的情況作出分析，而不是盲從以往的經驗。

堅持和放棄，都是競逐人生的手段。什麼時候應該堅持自己的主張，什麼時候應該放棄個人意見？這是一道難題。要把握分寸，就需要克服情緒作用，審慎考察世態人情，根據具體的需要而定。

委內瑞拉人拉菲爾・杜德拉正是憑藉這種靈活變通而發家致富的。在不到二十年的時間裡，他就建立了投資額高達十億美元的事業。

二十世紀六〇年代中期，杜德拉在委內瑞拉的首都擁有一家很小的玻璃製造公司。可是，他並不滿足於幹這個行當。他學過石油工程，認為石油是個賺大錢和更能施展自己才幹的行業，一心想躋身於石油界。

有一天，他從朋友那裡得到一個資訊，說阿根廷打算從國際市場上採購價值兩千萬美元的丁烷氣。得此資訊，他認為躋身石油界的良機已到，於是立即前往阿根廷，想爭取到這筆生意。

去後，他才知道早已有英國皇家石油公司和荷蘭殼牌石油公司兩個老牌大企業在頻繁活動了。這是兩家十分難以對付的競爭對手，更何況自己對石油業並不熟悉，資本又不雄厚，要做成這筆生意難度很大。但他並沒有就此甘休，決定採取變通的迂迴戰術。

一天，他從一個朋友那裡瞭解到阿根廷的牛肉過剩，急於找門路出口外銷。他靈機一動，覺得幸運之神到來了，這等於給他提供了同那兩家石油公司同等競爭的機會，對此他充滿了必勝的信心。

他立即去找阿根廷政府。當時，他雖然還沒有掌握丁烷氣，但確信自己能夠弄到。他對阿根廷政府說：「如果你們購買我兩千萬美元的丁烷氣，我便買你兩千萬美元的牛肉。」當時，阿根廷政府想把牛肉趕緊推銷出去，便把購買丁烷氣的投標給了杜德拉。

投標爭取到後，他隨即飛往西班牙籌辦丁烷氣。當時，西班牙有一家大船廠，由於缺少訂貨而瀕臨倒閉。西班牙政府對這家船廠的命運十分關切，想挽救這家船廠。

這則消息對杜德拉來說又是一個可以把握的好機會。他便去找西班牙政府商談，說：「假如你們向我買兩千萬美元的牛肉，我便向你們的船廠訂造一艘價值兩千萬美元的超級油輪。」

西班牙政府官員對此求之不得，當即拍板成交。杜德拉馬上通過西班牙駐阿根廷使館，與阿根廷政府聯絡，請阿根廷政府將杜德拉所訂購的兩千萬美元的牛肉直接運到西班牙來。

杜德拉把兩千萬美元的牛肉轉銷出去之後，繼續尋找丁烷氣。他到了美國費城，找到太陽石油公司，說：「如果你們能出兩千萬美元租用我這艘油輪，我就向你們購買兩千萬美元的丁烷氣。」

太陽石油公司接受了杜德拉的建議。從此，他便打進了石油業，實現了躋身石油界的願望。經過苦心經營，他也終於成為委內瑞拉石油界的鉅子。

杜德拉是具有大智慧、大膽魄的商業奇才。這樣的人能夠在困境中變通地尋找方法、創造機會，將難題轉化為有利的條件，創造更多可以脫穎而出的資源。

哈佛人認為，固執的人出於庸俗、無知、喜好虛榮而捨棄真理，偏愛理由而忽略功效。傑出人士或由於預見到事物的變化規律，或由於事後修正自己的立場，總是與真理結盟，不與偏激為友。這種理智總是幫助他們在競爭中獲勝。

第 9 課
你所做的每一件事情，都會成為你的名片

在哈佛，許多事業有成的人在小學徒或小職員時代就能以最高的熱忱和耐心去面對上司給予他們的小工作，這是非常普通的事實。你不可能用數量來衡量工作的大小，大事往往在小事之中。

豈有付出沒有回報之理

人生的每一分努力都是有意義的，多一分努力就多一分收穫，這是永恆不變的。人生沒有空手套白狼的傳奇，也沒有天上掉餡餅的奇蹟發生，只有用真實的勞動去獲取每一分收穫。

——哈佛箴言

任何的成功都是付出了艱辛的努力才得來的。如同水稻種植一樣，沒有當初的播種就沒有嫩嫩的禾苗長成，沒有辛勤的努力就沒有成熟的稻穀。沒有勤快的家務習慣，稻穀就不會變成米飯。一連串的物質變化，都是跟勤勞成正比的。所以，一分耕耘，一分收穫，用在這裡最切合實際了。

早晨，當別人還在睡懶覺時，他在跑步，為一天的工作能有充沛的精力作準備；晚上，當別人在閒聊時，他在看書；星期天，當別人出去遊玩時，他在學習；工作中，別人都敷衍了事，他卻事事認真。

幾年後，當他的同班同學都還是一個普通的會計員的時候，他已經是一個公司的財務總監了。

當別人問他：「你是怎麼做到的？」

他說：「很簡單，每天多做一些。」

每天多做一些，每天就向前邁進一步，人生的差別就是在這一點。如果你每天比別人多做一些，幾年之後，你就會將別人遠遠地甩在身後。

南澳大利亞的沙漠中生存著一種矮胖的蜥蜴。這種蜥蜴行動迅捷，在沙漠中來去如風，許多捕食者都拿牠們沒有辦法。

但是，每年的七八月份，這些蜥蜴便一反常態，行動遲緩得如同烏龜。這種現象引起了研究人員的興趣。他們捕捉了一隻蜥蜴並對之進行CT掃描，結果發現這隻蜥蜴正在妊娠狀態中。但令人吃驚的是，蜥蜴腹中胎兒的重量竟達到了母體重量的三分之一。如此推算，這相當於人類一個婦女要生出一個七八歲大的兒童。

並且，這個生長中的巨形胎兒位於蜥蜴母親的肺部和消化道之上。由於堅硬的鱗片覆蓋了蜥蜴的大部分身體，所以牠的腹部無法變大。這樣，在巨形胎兒的擠壓下，蜥蜴母親的肺部幾乎全部萎縮，食道也變得狹窄異常。

在妊娠後期，是這些蜥蜴母親最痛苦的時刻，因擠壓而產生的憋悶使牠們無法正常呼吸、正常活動，也無法吃下太多的食物。窒息和饑餓會讓這些蜥蜴母親苦不堪言，一向行動迅捷的牠們也只能艱難地拖著自己的身體緩慢活動。

伴隨著痛苦的還有災難，由於爬得不快，沙漠中的響尾蛇、沙狐等各種動物很輕鬆就能捕獲牠們，很多蜥蜴母親在此時成為天敵的美餐。

在經歷巨大的痛苦和劫難之後，蜥蜴母親終於苦盡甘來，在沙漠中產下自己的幼崽，而小蜥蜴因為身形龐大，在出生後馬上就可以離開母親，具備逃避天敵、獨立生存的能力。

從蜥蜴的繁衍群體來看，蜥蜴母親被天敵捕食的機率達到了三分之一，但是新生蜥蜴的存活率可以達到百分之百，這創造了動物繁衍成活率的世界之最。

自然界的法則大體是公平的，沒有努力就沒有收穫，付出和回報永遠都是成正比的。收穫豐厚成果的前提，必須是努力地付出。

懶惰是世界上最大的浪費。人懶事事難，人勤事事易。從來沒有懶惰閒散、好逸惡勞的人曾經取得多大的成就；只有那些在達到目標過程中面對阻礙全力拼搏的人，才有可能達到成功的巔峰，才有可能走到時代的前列。

絕大多數胸無大志的人之所以失敗，是因為他們太懶惰了，因而根本不可能取得成功。他們不願意從事含辛茹苦地工作，不願意付出代價，不願意付出必要的努力。身體上的懶惰懈怠、精神上的彷徨冷漠、對一切都放任自流的傾向、總想一勞永逸的心理，這一切就是使許多人默默無聞、無所成就的重要原因。

有一天，尼爾去拜訪畢業多年未見的老師。老師見了尼爾很高興，就詢問他的近況。

這一問，引發了尼爾一肚子的委屈。

尼爾說：「我對現在做的工作一點都不喜歡，和我學的專業也不相符，整天無所事事，工資也很低，只能維持基本的生活。」

老師吃驚地問：「你的工資如此低，怎麼還無所事事呢？」

「我沒有什麼事情可做，又找不到更好的發展機會。」尼爾無可奈何地說。

「其實並沒有人束縛你，你不過是被自己的思想抑制住了。明明知道自己不適合現在的位置，為什麼不去再多學習其他的知識，找機會自己跳出去呢？」老師勸告尼爾。

尼爾沉默了一會兒說：「我運氣不好，什麼樣的好運都不會降臨到我頭上的。」

「你天天在夢想好運，卻不知道機遇都被那些勤奮和跑在最前面的人搶走了。你永遠躲在陰影裡走不出來，哪裡還會有什麼好運？」老師鄭重其事地說，「一個不肯付出努力的人，永遠不會得到成功的機會。」

勤奮是成就美好未來的色彩，一個沒有勤奮過的人生是黯淡的，沒有任何進步。而一個有衝勁、有進步的人生，都是在勤奮的驅使下進行的。所以，勤奮可以給你帶來人生的色彩，讓你更加豐富。

哈佛大學一直教導學生：「當你懶惰的時候，你是否想過，你已經在失敗的邊緣了。」那些從來不嘗試著接受挑戰、不願去從事繁重工作的人，是永遠不可能有太大成就的。

可想而知，想要成就一番事業，那要付出多少努力才能實現。孜孜不倦地勤奮學習、工作，慢慢地成就你的夢想。因為隨著時間的積累，勤奮會帶給你更多的收穫。在無數次收穫之後，你會發覺，勤奮的力量是多麼偉大。

在心底種下一粒勤奮的種子，這粒種子的「營養土」來源於事業的努力和知識的渴望。只要你有了足夠的渴望，並付諸積極地行動，就能取得成功。

水都可以穿石，你還怕什麼

只有比別人更勤奮，才能嘗到成功的滋味。

——哈佛箴言

著名數學家華羅庚說過：「勤能補拙是良訓，一分辛苦一分才。」通往成功的路雖然有很多條，但每條路上都會遇到相同的困難：曲折和坎坷。不管智商多高的人，也只有「勤奮」這一條路徑，**「勤奮是金」是獲得成功的不二法門**。

隨著社會的發展，越來越多的人開始浮躁起來。期望不付出任何代價就能獲得成功，有這種投機取巧想法的人顯然無法實現自己的心願，因為如果沒有勤奮作為基礎，成功只能紙上談兵。

以前，有一個叫漢克的年輕人，一心想要成為一個百萬富翁。他覺得成為百萬富翁的捷徑便是學會煉金術。因此，他把自己所有的時間、金錢和精力都花在尋找煉金術這件事情上。

很快，他就花光了自己的全部積蓄，家中也因此變得一貧如洗，連飯都沒得吃了。妻子無奈，只好跑到父親那裡訴苦。她父親決定幫助女婿改掉惡習。

於是，他叫來漢克，並對他說：「我已經掌握了煉金之術，只是現在還缺少一樣關鍵的東西。」

「快告訴我還缺少什麼？」漢克急切地問道。

「好吧，我可以讓你知道這個秘密，我需要三千克香蕉葉的白色絨毛，這些絨毛必須是你自己種的香蕉樹上的。等到收齊後，我便告訴你煉金的方法。」岳父說。

漢克回到家後，立刻將荒廢多年的田地種上了香蕉。為了儘快湊齊絨毛，他還開墾了大量的荒地。當香蕉成熟後，他便小心翼翼地從每張香蕉葉上收取白絨毛。他的妻子把一串串香蕉到市場上去賣。就這樣，十年過去了，漢克終於收齊了三千克絨毛。這天，他一臉興奮地拿著絨毛來到岳父的家裡，向岳父討要煉金術。

岳父指著院中一間房子說：「現在你把那邊的房門打開看看。」

漢克打開了那扇門，立即看到滿屋金光，竟全是黃金，他的妻子站在屋中。妻子告訴他，這些金子都是他這十年裡所種的香蕉換來的。面對滿屋的黃金，漢克恍然大悟。

這個道理和滴水穿石的道理是一樣的。人們經常在屋簷下的石階上看見一行小坑，這些小坑不是人為鑿出來的，而是屋簷上的水滴下來，總是滴落在同一個地方，長年累月形成的。這種現象在心理學上稱為「**滴水效應**」，意思就是，只要一心一意地做事，持之以恆而不半途而廢，就一定能夠達成願望。

哈佛大學的學子深知這樣的理念，成功沒有秘訣，也沒有捷徑，只有腳踏實地，靠自己的雙手辛勤勞動，才能夠為自己贏得成功。

桑納・穆雷・雷石東（Sumner Murray Redstone）是全美娛樂公司的大股東和董事長。

雷石東小的時候，在拼寫方面表現出過人的天賦：別人隨口說出一個單詞，他都可以拼寫出來。母親為此很欣喜，並安排他參加全國拼詞大賽。雷石東沒有辜負母親的一番苦心，一路拼寫著那些複雜而生僻的單詞，過關斬將殺至決賽。

在決賽前夕，雷石東想自己一定可以奪得美國最優秀的單詞拼寫者的獎牌，他甚至開始想像自己站在考官和一大群歡呼的觀眾面前的情景。然而，到考試那天，考官讓他拼寫Tuberculosis（肺結核）這個詞，他頭腦一熱，脫口而出「t—u—b—e—r—c—u—s—i—s」。他漏掉了兩個字母。正是這一個小小的失誤，使他最終被淘汰出局。

滿懷期待後的夢想破滅深深地刻在母親臉上，母親的淚水奪眶而出，這幕情景也深深烙在雷石東的腦海裡。從這時開始，懵懂的他暗暗下決心，一定要好好努力，爭取以後不再讓母親失望。

從此，學習幾乎成了他的全部生活。每天早上，自打從床上爬起來的那一刻開始，他就像進入了激烈的戰場。除了學習，他幾乎再沒有其他的活動。

正所謂「天道酬勤」，在波士頓拉丁學校畢業典禮上，雷石東以該校成立以來最高平均分畢業，被授予現代拉丁文獎、古典拉丁文獎和班傑明・富蘭克林獎，並且獲得前往哈佛大學深造的獎學金。

從哈佛畢業後，雷石東依然不忘奮發進取。五十年間，從一個機車影院的老闆，成為一個年收入達兩百四十六億美元的傳媒帝國的領袖。

曾有記者問李嘉誠的成功秘訣。李嘉誠沒有直接回答他，而是講了這樣一個故事。

日本「推銷之神」原一平在六十九歲時的一次演講會上，當有人問他的成功秘訣時，他當場脫掉鞋襪，將提問者請上臺，說：「請您摸摸我的腳板。」

提問者摸了摸，十分驚訝地說：「您腳底的老繭好厚呀。」

原一平說：「是啊，這就是我成功的秘訣。走的路比別人多，跑得比別人勤。」

講完故事，李嘉誠微笑著說：「我沒有資格讓你來摸我的腳板，但可以告訴你，我的腳底的老繭也很厚。」

不僅李嘉誠，任何一個人，他的成功都不可能完全拋開「勤奮」二字，任何一種傑出的成就必然與懶惰者無緣。有人曾這樣說：世界上能登上金字塔的生物有兩種：「一種是鷹，一種是蝸牛。」前者是從小經過勤奮的練習，從而掌握飛翔的技能；而後者，在外形和能力上與前者有著天壤之別，卻能夠達到同樣的成就，秘訣只有兩個字：勤奮。

並不是每個人都擁有異於常人的智慧和技能，但是，每個人都可以做到勤奮。擁有了勤奮，就擁有了一生的財富。即使是一個智力一般的人，只要勤奮努力，也能彌補自身的缺陷，成為一名成功者。

《射雕英雄傳》裡的郭靖就是一個很典型的例子。先天愚笨的他，憑藉勤奮最終在華山論劍中獲勝。可能有人說他憑藉的是運氣，但是在他還沒有離開大漠的時候，他射箭的精準幾乎沒有人能夠比得上，而這種精準完全來自於他的勤奮訓練，與運氣沒有任何關係。

哈佛大學認為，勤奮刻苦是一所高貴的學校，所有想成功的人都必須進入其中，在那裡可以學到有用的知識、獨立的精神和堅韌不拔的品質。

貪圖安逸使人墮落，無所事事令人退化，只有勤奮工作才是高尚的，給人帶來真正的幸福和快樂。

不想被淘汰就要不斷學習

如果一個人不能持續地學習，就會被社會所淘汰。只有隨時隨地地補充能量，擁有一種積極的學習心態才能夠充滿自信。

——哈佛箴言

大多數人都認為，從哈佛大學畢業的學生，人人都是飽學之士，他們的知識和能力已經足以讓他們應對某個行業的需求。但是，哈佛學子從來不這樣認為。在他們看來，在學校裡學到的東西是十分有限的，在工作和生活中所需要的相當多的知識和技能，完全要靠他們在實踐中一邊學習一邊摸索。與學校相比，社會是一本更加博大精深的書，需要經常不斷地去翻閱。

在這個變化越來越快的現代社會，每個人現有的知識和技能很容易過時，只有不斷地學習，才不會被淘汰。德國設計中心主席彼得•扎克說：「在人生的這場遊戲中，你要擁有生活和學習的熱情，吸收能夠使自己繼續成長的東西來充實你的頭腦。」如果一個人不能持續地學習，就會被社會所淘汰。只有隨時隨地地補充能量，擁有一種積極的學習心態才能夠充滿自信。

這是美國東部一所規模很大的大學畢業考試的最後一天。

在一座教學樓前的階梯上，有一群機械系大四學生擠在一起，正在討論幾分鐘後就要開始的考試。他們的臉上顯示出很有信心，這是最後一場考試，接著就是畢業典禮和找工作了。

他們知道即將進行的考試是輕鬆的事情。教授說他們可帶需要的教科書、參考書和筆記，只是考試時不能彼此交頭接耳。

他們喜氣洋洋地走進教室。教授把考卷發下去，學生都眉開眼笑，因為學生們注意到只有五個申論題。

三個小時過去了，教授開始收集考卷。學生似乎不再有信心，他們臉上皺起微微緊蹙的眉頭。沒有一個說話，教授手裡拿著考卷，面對著全班學生。

教授端詳著面前學生們擔憂的臉，問道：「有幾個人把五個問題全答完了？」

沒有人舉手。

「有幾個答完了四個？」

仍舊沒有人舉手。

「三個，兩個？」

學生在座位上不安起來。

「那麼一個呢，一定有人做完了一個吧？」

全班學生仍保持沉默。

教授放下手中的考卷說：「這正是我預期的。我只是要加深你們的印象。即使你們已完成四年的教育，但仍舊有許多有關工程的問題是你們不知道的。這些你們不能回答的問題在日常操作中是非常普遍的。」

教授帶著微笑說下去：「這個科目你們都會及格。但要記住，雖然你們是大學畢業生，但你們的學習才剛開始。」

只有不斷學習的人才不會被社會淘汰，也只有隨時隨地對生活抱著一種學習心態的人，才能超越年齡上的障礙，戰勝生理上的老化，使心態保持年輕，讓自己充滿活力。在這個不斷變化的現代社會，在充滿競爭的職場上，學習能力將會成為成就一個人的重要條件。學無止境，向身邊的人學習更是終身的職責。

哈佛大學認為，在充滿競爭的環境裡，學習是沒有止境的。如果你不能及時學習，把握良機，就會被社會淘汰。

瓦爾特・司各脫爵士曾經說：「每個人所受教育的精華部分，就是他自己教給自己的東西。」由此可知，學習帶給人的財富是無法估量的。尤其是在當今的這個時代，新技術、新產品和新服務專案層出不窮，工作對人的要求隨著技術的進步也在不斷地產生變化，標準的提高拉大了技術發展的要求與人們實際的工作能力之間的差距。於是，出現了這樣一種奇怪的現象：一方面，失業人口持續上升；另一方面，各種人才越來越少。隨著知識經濟時代的到來，企業對員工不再只是數量的需求，更重要的是對其品質有了更高的要求。

所以，只有抱著不斷學習的心態的人，才能夠永遠保持積極樂觀的態度，永遠走在時代的前端，盡全力去符合社會的需要。

努力比天賦更重要

做人就像培植花木一樣，與其把所有的精力消耗在許多毫無意義的事情上，還不如集中所有的精力，埋頭苦幹，全力以赴，這樣才容易達到生活的頂峰。

——哈佛箴言

越來越多的人認為「努力比天賦更重要」，這個想法對很多生活中對自身條件遺憾的人很有啟示作用。

是什麼因素使人攀上高峰呢？施瓦辛格在一次接受電視採訪時言簡意賅地說：**「勤奮，勤奮！外加不斷自我要求和積極的思維。」**

在任何領域奮鬥，抱負和動力都不可少。不過，達到頂峰並不一定是天資最佳的人，而是勤奮的少數人。他們工作努力，並且不斷對自己提出更高的要求。

愛爾蘭有位作家叫布朗，一生下來就患癱瘓症，到五歲時還不能走路、不會說話，頭部、身體、雙手和右腳都不能動彈。

某一天，他妹妹用粉筆寫字，他從中受到啟發，伸出左腳將粉筆夾住，在地上勾畫起來。一年後，他學會寫廿六個英文字母。從此，母親教他讀書認字。

後來，他以堅強的毅力學會了用左腳打字、畫畫，並開始作文和寫詩。他把打字機放在地上，用左腳打字、上紙、下紙和整理稿紙。每打一張不知要消耗多少精力和時間。

廿一歲時他出版了第一部自傳體小說《我的左腳》，十六年後又出版了另一部小說《生不逢時》，成為國際暢銷書，十五個國家出版了他的著作。

他的作品還被改編成了電影。他在四十八年的短暫生涯中，以驚人的毅力創作了五部長篇和三部詩集，這些都是用一隻左腳趾打成的。

面對殘疾，有的人被打垮，自暴自棄，註定是悲慘的一生；有的人卻自強不息，積極深入瞭解自己的長處和短處，揚長避短、勤奮努力，克服重重障礙，為自己創造輝煌的人生。

一個人的進取與成材，環境、機遇、天賦、學識等外部因素固然重要，但更重要的是依賴於自身的勤奮與努力。

被譽為「鋼鐵大王」的安德魯・卡內基，就是憑藉勤奮努力出人頭地的楷模。

為了給父母分憂，安德魯・卡內基在十歲的時候進了一家紡織廠當童工，週薪只有一點二美元。後來，他又幹起了掙錢稍多一點的工作：「燒鍋爐和在油地裡浸紗管」。油池裡的氣味令人作嘔，灼熱的鍋爐使他汗流浹背，但卡內基還是咬著牙堅持幹下去。當然，他並不甘心如此潦倒一生，而是奮發圖強，積極進取。

卡內基在白天勞累一天後，晚上還參加夜校學習，課程是複式記帳法會計，每週三次。這段時期他所學的知識，成了他後來建立巨大的鋼鐵王國，並使之立於不敗之地的法寶。

一八四九年冬天的一個晚上，卡內基上完課回家，姨丈告訴他匹茲堡市的大衛電報公司需要一個送電報的信差。他立刻意識到，機會來了。

第二天一早，卡內基穿上嶄新的衣服和皮鞋，與父親一起來到電報公司門前。他突然停下腳步對父親說：「我想一個人單獨進去面試，爸爸你就在外面等我吧。」原來，他擔心自己與父親並排面談時，會顯得個子矮小；又怕父親講話不得體，會衝撞了大衛先生，從而失去這個難得的機會。

於是，他單獨一人上到二樓面試。大衛先生打量了一番這個又矮又小、高鼻樑的蘇格蘭少年，問道：「匹茲堡市區的街道，你熟悉嗎？」

卡內基語氣堅定地回答：「不熟，但我保證在一個星期內熟悉匹茲堡的全部街道。」他頓了頓，又補充道：「我個子雖小，但比別人跑得快，這一點請您放心。」

大衛先生滿意地笑了：「週薪二點五美元，從現在起開始上班吧。」

就這樣，卡內基謀得這個差事，邁出了人生的第一步。這時，他年僅十四歲。在短短一星期內，身著綠色制服的卡內基實現了面試時許下的諾言，熟悉了匹茲堡的大街小巷。

兩星期之後，他連郊區路徑也瞭若指掌。他個頭小，但腿很勤，很快在公司上下獲得一致好評。一年後，他已升為管理信差的負責人。

卡內基每天都提早一小時到達公司，打掃完辦公室後，他就悄悄跑到電報房學習打電報。他非常珍惜這個秘密的學習機會，日復一日地堅持著，很快就熟練掌握了收發電報的技術。後來，他被提升，成了電報公司裡首屈一指的優秀電報員。

當年的匹茲堡不僅是美國的交通樞紐，而且是物資集散中心和工業中心。電報作為先進的通信工具，在這座實業家雲集的城市起著極其重要的作用。通過努力，卡內基熟悉了每一家公司的名稱和特點，瞭解各公司間的經濟關係及業務往來。日積月累之中，他熟讀了這無形的「商業百科全書」，使他在日後的事業中獲益匪淺。因此，卡內基在回顧這段時期時，稱之為「爬上人生階梯的第一步」。

成大事的人，必須勤奮地去勞動，天下無不勞而獲的成功。只有勤奮努力，比別人付出更多，才能夠充分把握事業上的機會，在各方面取得輝煌的成就，進而贏得精彩的人生。

以退為進，凡事適可而止

當你前進卻受阻時，不妨先暫時地退讓一下。有時候，在退讓之間就能夠把你對他人的尊重顯示出來，從而獲得對方的好感，進而贏得對方的信任。

——哈佛箴言

老子曾經說過：「夫唯不爭，故天下莫能與之爭。」意思是，正是因為你不與人相爭，所以天下才沒人能夠與你相爭。

其實，如果每一個人在日常的生活與工作中都能夠低調一點，以平常心來看待周圍的人和事，就不會被利益所驅使，就能夠坦然地面對生活中的一切。特別是當你與同事為了某個職位或獎金而處於激烈競爭之時，只要你盡自己的努力，全力以赴，不論輸贏如何，都應該接受現狀，適可而止。即便輸了，你也要輸得體面，輸得有風度，切不可因此而氣惱，無端地散佈風言風語去貶低與你競爭的同事。這樣會使人看不起你，你也會因此而孤立。

身在職場，常會有不如人意的時候，問題的關鍵在於，你該如何去面對困難和不順。當事情的結果並不是人力所能夠改變的時候，你不如選擇接受現實。與其怨天尤人、徒增苦惱，倒不如適可而止、以退為進，從既有的條件中盡自己的力量和智慧去發掘機會。

即使是對於有大志向的人來說，低調做人也並不是苟且偷生；相反，凡事適可而止、以退為進，是一種低調做人的智慧，是一種人生的策略。

在實際的工作之中，經常會有與別人意見不一致的時候。如果你始終都堅持己見，過分地強調自己的正確性，堅持自己的想法，並不一定就能夠說服別人贊同你的看法或意見；相反，如果你在堅持自己的意見上適可而止，採取一種「退」的策略，反而會更容易獲取對方的信任，達到說服他人的目的。

在職場中，當你的意見正確卻無法得到別人的認同時，以退為進地去說服別人，的確能起到很好的效果，因為這種方法剛開始就很容易被人接受。所以，用這種方法說服別人的話，通常都能夠取得預想的效果。

富蘭克林就曾經用以退為進的方法使得憲法會議產生分歧的雙方達成了一致的意見。

有一次，美國的憲法會議在費城舉行。會議中，對於憲法草案的意見分為贊成派和反對派，兩派人員討論的非常激烈。由於會議的出席者利害關係各不相同，所以整個會議的討論充滿著火藥味和互不信任的氣氛。兩派人員之間的言辭都非常尖銳和刻薄，甚至夾帶著人身攻擊。

在這樣一種情況之下，會議的談判面臨著即將破裂的局面。這個時候，持贊成意見的富蘭克林適時地站了出來，他不慌不忙地對在場的所有人員說：「事實上，我對這個草案也並非完全贊成。」

富蘭克林的話剛一出口，會議紛亂的情形就立即停止了，反對派人士都用懷疑的眼光看著富蘭克林。

這時，富蘭克林稍作了一下停頓，然後繼續說道：「對於這個憲法草案，我並沒有十足的信心。出席本會議的各位代表，也許對於細則還有一些異議。不瞞各位，我此時也和你們一樣，對這個憲法草案是否正確抱有一種懷疑的態度，我就是在這種心境下來簽署憲法草案的。」

富蘭克林的話，使得反對派們無比激動和不信任的態度慢慢地平靜了下來，在他們的心裡已然同意了富蘭克林的看法——就讓時間來驗證一下這部憲法是否正確吧。於是，這部憲法草案終於順利地通過了。

試想，如果富蘭克林始終堅持自己強硬的態度贊同憲法草案的話，必然會使雙方的爭吵愈演愈烈，最後必然會導致會議的失敗。憲法草案之所以能夠順利地獲得通過，就在於富蘭克林能夠對於自己贊同的態度適可而止，以退為進，放棄了自己的堅持，才促成了憲法草案的通過，達到了自己的目的。

對於同一件事情，如果一味地強調好的一面，就會讓對方對你所說的話產生懷疑，就會有不信任的潛在心理。如果這個時候能夠借鑒一下人類潛在的彆扭心態，採取一種以退為進的方法，你就會獲得對方的信任，從而達到自己的目的。正是因為富蘭克林巧妙地利用了這個技巧，一開始講了一些對自己不利但對方能夠接受的話，反而使對方產生了信任感，順勢也就收穫了成功。

職場中，如果你的方法或觀點得不到別人認可的話，就很難再合作下去。為了圓滿地完成工作，必須要能夠勸說抱有成見的人跟你達成一致的意見，這就需要你掌握進退的分寸。記住，凡事一定要適可而止。

就在達爾文《物種起源》一書出版之前，他接到好朋友華萊士的來信，請他為自己寫的文稿作個審定。達爾文在看了華萊士的稿子後感到異常為難，因為這個文稿的研究結論與《物種起源》一書中的內容太過接近。

這麼多年的朋友了，無論這兩部稿子誰先發表都會對另一個人造成心理傷害。面對多年的友誼與傾注了自己二十多年心血的稿子，達爾文猶豫了。於是就有人勸達爾文，趕緊把自己的書出了。但達爾文最終還是選擇了友誼，他決定把自己的書稿銷毀。

華萊士知道後很受感動，他堅決地制止了達爾文毀書的行為。此事傳出之後，人們在稱讚華萊士大度的同時，越來越多的人都知道了達爾文和他的《物種起源》。

在職場中，如果你總覺得自己有理，別人說你一句，你回別人十句，只會使矛盾越來越激化，反而會讓你失去更多；相反，當你在爭吵中或在競爭中選擇退一步時，卻會有意想不到的收穫。

第 10 課
上蒼給了每個人均等的機會，只要你及時抓住它

哈佛大學認為，成功並非一場競賽，也不是一座難以逾越的高山。上蒼給了全世界每一個人均等的機會，只要在它來臨的時候發現它，並牢牢地抓住，你就不會被夢想拋棄。

你準備好成功來臨了嗎？

時刻準備著，當機會來臨時，你就成功了。

——哈佛箴言

從很大程度上來講，人是機遇的產物。你在評價一個人的能力及他的成就時，不能忽略機遇的重要性。有些時刻比幾年都要重要，在時間的重要性和價值之間沒有均衡，一個出乎意料的五分鐘就可能決定一個人的命運。

但是，人不是靠偶爾撞在樹樁上的兔子獲得成功的。事實上，通常所說的命運的轉捩點，只是你之前努力所取得的成績彙集形成的機會。勤奮、機遇和成功三者之間的關係是：時刻準備著，當機會來臨時，你就成功了。

一個年僅廿一歲的畫家，懷揣僅有的四十美元，從家鄉提著裝有襯衫、內衣及繪畫材料的皮箱來到堪薩斯城。

他經歷了多次的失敗，幾乎一無所有。因無錢交房租，只好借用一家廢棄的車庫作為畫室，每天夜裡都會聽到老鼠的叫聲。

一天，他昏沉沉地抬起頭，看見幽暗的燈光下有一雙亮晶晶的小眼睛在閃動。他沒有捕殺這隻小精靈，磨難已使他具有藝術家悲世憫人的情懷。往後的日子裡，他與這隻小老鼠朝夕相處，經常會在黑暗中你看著我、我看著你。艱難的歲月中，他們彷佛建立了一種默契和友誼。

不久，他離開了堪薩斯城，與好萊塢製作一部卡通片。然而，他設計的卡通形象一一被否決了。他再次品嘗了失敗的滋味，窮得身無分文。多少個不眠之夜，他在黑暗中苦苦思索，甚至懷疑起自己的天賦。

突然，他想起了那雙亮晶晶的小眼睛，靈感像一道電光在黑夜裡閃現了：「小老鼠，就畫那隻可愛的小老鼠。」全世界兒童所喜愛的卡通形象「米老鼠」就這樣誕生了。

他就是大名鼎鼎的華德•迪士尼。從此以後，他憑藉著自己的才幹和靈感，一步步築起了迪士尼大廈。

上蒼給他的並不多，只給了他一隻小老鼠，然而他抓住了。對華德・迪士尼來說，這隻小老鼠價值千萬。

機會是可遇而不可求的，只有你平時做了充足的準備，當機會來臨時才能夠抓住。否則，只能看著機會從你的手中白白溜走。

麥克亞瑟將軍曾說：「召集軍隊上戰場的軍號聲對於軍人來說，就是一種機會。但是，這嘹亮的軍號聲絕不會使軍人勇敢起來，也不會幫助他們贏得戰爭，機會還得靠他們自己來把握。」

偶然的機會只會對那些勤奮工作的人有意義。奧爾・布林的一件逸事能夠說明這個道理。

傑出的小提琴家奧爾・布林，多年來一直堅持不懈地練習拉琴。通過不斷地練習，他的技藝早已成熟。但是，他始終默默無聞，不為大眾所知。

一次，當這個來自挪威的年輕樂手正在演奏的時候，著名女歌手瑪麗・布朗恰巧從窗外經過。奧爾・布林的演奏使她如醉如癡，她從來沒有想到小提琴能夠演奏出如此優美動人的音樂，趕緊詢問了這個不知名樂手的姓名。

隨後不久，在一次影響力極大的演出中，由於瑪麗・布朗突然與劇場經理發生了分歧，不得不臨時取消了自己的節目。

在安排什麼人到前臺去救場時，瑪麗・布朗想到了奧爾的小提琴演奏。面對聚集起來的大批觀眾，奧爾演奏了一個多小時，就是這一個多小時使奧爾登上了世界音樂殿堂的巔峰。

對奧爾・布林而言，那一個小時便是機遇，只不過，他早已為此做好了準備。

成功的秘密在於，當機遇來臨的時候，你已經做好了把握住它的準備。對於那些懶惰者來說，再好的機遇也是一文不值。對於那些沒有做好準備的人來說，再大的機遇，也只會彰顯他們的無能和醜陋，使他們變得荒唐可笑。

人們總是喜歡辦事認真、不出差錯的雇員，沒有人希望時時刻刻防備自己的雇員。所以，公司一般會解雇不稱職的員工，更不用說要給他們機會了。當一個人撞上了一個好職位的時候，並不僅僅是因為他利用了什麼有利的條件，而是因為他已經為得到那份工作做了多年的準備。

每一天，都要盡心盡力地工作；每一件小事情，都要力爭高效地完成。嘗試著超越自己，努力做一些分外的事情，不是為了看到老闆的笑臉，而是為了自身的不斷進步。即或是在同一個公司或同一個職位上，機遇沒有光臨，但在為機會的來臨而時時準備的行動中，你的能力已經得到了擴展和加強，已經為未來某一個時間創造出了另一個機遇。

想要在這個時代脫穎而出，就必須付出比以往任何時代更多的勤奮和努力，擁有積極進取、奮發向上的心。否則，你只能由平凡轉為平庸，最後變成一個毫無價值和沒有出路的人。

所以，不管你現在所從事的是什麼工作，都要牢記：「只要你勤勤懇懇地努力工作，機遇總會來臨的，成功終會屬於你。」

挑戰所有的不可能

有的人在「不可能」面前止步，有的人把「不可能」踩在腳下，這就造成了人生兩極的差距。

——哈佛箴言

世上只有難辦成的事，但絕沒有辦不成的事。就像哈佛大學所認為的那樣，一流商人都相信「世上沒有打不開的門」，一流軍人都相信「世上沒有攻不破的城堡」，一流的政治家都相信「世上沒有解決不了的問題」。他們都是敢向「不可能」挑戰的人。

在生活中、工作中有很多事情不是不可能，關鍵在於你沒有開動腦筋去想，並且沒有將腦海中的想法付諸實踐。是的，面對挫折的時候，不要給自己任何藉口，告訴自己一定能夠戰勝這些困難，別人能夠做到的，自己也一定能行。在艱難困苦中，只要你擁有這樣一種不找任何藉口的心態，那麼在成功的道路上就又邁開了至為關鍵的一步。

所謂「不可能」的事，通常是現實條件明顯不足的事。人們的思維定式能夠讓可能變得不再可能，衝破思維定式則正好相反，需要你從不可能的地方開始考慮，並把它變成可能。

小人物總是被「不可能」打敗：「我不可能找到理想職業，因為文憑不過硬；我不能勝任這項工作，因為專業不對口；我不可能受到重用，因為我沒有背景；我不可能發財，因為我不會做生意；我不可能招人喜歡，因為我相貌不佳；我不可能得到她的芳心，因為我配不上她……」小人物的生活中有太多不可能，所以他們只能平庸地度過一生。

事實上，**世界根本沒有不可能之事，因為一切皆有可能**。

所謂「不可能」「極限」，只是小人物心中的概念，是小人物自我設限。他們在「不可能」的牢籠裡和「極限」的堅壁面前失去了向遠大目標進發的自由。成功人士的想法正好相反，當別人認為不可能辦到時，他們卻在思考如何辦到。

在成功人士的頭腦中沒有那麼多「不可能」。他們心目中只有自己想要達成的目標和達成目標的勇氣。

當馬孔・富比士決定推出「美國四百首富排行榜」時，遭到部下的一致反對。首先表示異議的是總編麥可斯，他認為，要查清富翁們的真實收入是一件不可能的事，他們一定不會願意公開自己的收入，因為他們害怕稅務人員找上門來，害怕引起綁匪或恐怖分子的覬覦。既然這一計畫不可能實現，何必為它浪費資源？

富比士認為這只是麥可斯的猜測之詞，在沒有嘗試之前，不宜下不可能的結論。他責成麥可斯立即著手策劃。既然老闆堅持，麥可斯只好勉為其難地接受了任務。但他還是認為這一計畫不可能實現，積極性不高，將這個差事扔給了一個名叫薩拉尼克的下屬。

薩拉尼克也不願做這件在他看來註定勞而無功的事。他率領一班編輯、記者，無精打采地幹了兩個月，眼看計畫實在進行不下去了，就寫了一份報告，交給富比士說：「我們已盡力試過，不成。」

富比士勃然變色，吼道：「我願意動用所有的人力來完成這項計畫，時間、金錢、人力我都在所不惜。」

薩拉尼克看到老闆的決心，他這次拋棄所有疑慮，率領手下竭盡全力工作，終於搞出了第一份「美國四百富排行榜」。當它刊登在《富比士》雜誌上後，引起全美國的轟動，當期雜誌銷售一空。而且，榜單刊出後，也沒有富翁因此引出稅務官司，更無人因此遭到綁架。

時至今日，「美國四百富排行榜」和《富比士》一起蜚聲世界。

在一個充滿機遇的時代，機會不是問題，因為猜測放棄機會才是問題。在機會來臨時，許多人擔心丟臉，擔心白費工夫，擔心蒙受損失，以致畏縮不前，白白錯失機會。他們認為暫時的安全是謹慎的結果，其實臆想的危險可能根本不會發生。

成敗就在關鍵的一步

上天的機會，往往是賜予那些敢於邁出一步、勇敢挑戰命運的人。

——哈佛箴言

「一個人的一生是漫長的，但是關鍵的就那麼幾步。」仔細揣摩，這句話很有哲理。在很多時候，往往就是因為那簡單的一步，我們很可能改寫自己一生的命運。只要敢於邁出關鍵性的一步，並且為之不懈地努力，柳暗花明指日可待，坎坷的前路也將會峰迴路轉。

康多莉扎・萊斯（Condoleezza Condi Rice）是美國歷史上的首位非裔女國務卿，在她成長的路程中，也有一段不尋常的經歷。

萊斯的母親是一位音樂教師，因此她自幼便學習音樂。在她十六歲時，就已考入丹佛大學音樂學院。所有人都認為，萊斯未來一定會走上音樂之路。

然而，在一場音樂會上，萊斯突然感到自己實際上並不具備音樂的天賦，因為那些十歲左右的孩子，只要看一眼曲譜就能夠演奏得非常流暢，她卻要練上一年。「我絕對不是學音樂的料。」萊斯自言自語道。

放棄音樂之路對萊斯來說是一個艱難的抉擇，畢竟自己已經付出了許多的努力，現在放棄可謂得不償失。很多人也是如此勸她。畢竟，面對這樣的現實，多半的人會將錯就錯，繼續沿著這條路走下去。

但是，經過了一番思索後，萊斯還是決定要走出另一條路。她果斷地放棄了音樂生涯，開始學習國際政治概論。她的導師驚奇地發現，萊斯在這一領域很有潛力，於是細心地教導她，將她引向了國際關係和蘇聯政治學領域。

老師的提拔與鼓勵，讓她積極投身新的領域。十九歲時，她獲得了政治學學士學位；廿六歲時，她獲得博士學位。一九八七年，她在一次晚宴上的致辭得到了時任國家安全事務助理的布倫特・斯考克羅夫特的注意。

憑藉著自身的努力，萊斯終於在政壇越走越順，贏得了「鋼鐵木蘭」的稱號。最終，她成了美國歷史上第一位非裔女國務卿。

如果萊斯當年沒有果斷放棄音樂學習，那麼世界上就會少了一位女性政治家，多了一個普通的鋼琴師。萊斯的故事告訴人們：「想要離成功越來越近，就要有不甘於平庸的心態，敢於果斷作出改變，即使失敗也不會悲傷。這就是果斷的力量，它可能會改變你的命運，讓你從此與眾不同。」

在歷史的長廊中，有很多關鍵的「一步」決定了歷史的進程：廉頗負荊請罪，使「將相和」的美談千古流傳；劉備三顧茅廬，使蜀漢後來能取得三足鼎立的一席之地。這些「一步」看似短暫實則重要，看似偶然實則是經歷了慎重權衡才能成就的。

人生的階梯一步步向命運的深處延伸，關鍵之處的一步往往直接決定了最終的成敗。但是，誰也不會事前預知哪一步是關鍵的一步，因此，人生的每一步都是重要的。請慎重地走好生命中的每一步，盡力將人生之路走得精彩而無悔。

當伊雷爾把開火藥廠的想法告訴父親皮埃爾時，皮埃爾以為他在異想天開。在大家的印象中，這孩子從小就是個沉默寡言的書呆子。皮埃爾對伊雷爾的計畫不感興趣，讓他自己解決資金、廠址和其他問題，一切由他自己張羅。

隨後，伊雷爾以出色的實幹精神證明自己不是個空想家。他做得井井有條，被「生產世界上最棒的火藥」的狂想鼓舞著，一心撲在上面，東跑西顛。

他手頭的資金不夠，一流的設備都在法國，廠址不知道安在哪兒合適，等等。這一切都沒有著落，他知道，自己不可能像小時候那樣用試管和藥匙把火藥生產出來，但他一件事一件事地落實。

首先選廠址，為了爭取政府的訂貨，他想在華盛頓附近找地方。但是，經過一番實地考察後，他發現這裡沒有火藥廠需要的激流、森林和花崗岩。

在美國轉了一大圈，他終於看中了德拉瓦州的白蘭地河畔，這裡水流湍急，蘊含著動力，河邊的大片森林是未來的燃料，山上的花崗岩可用於提煉硝石。伊雷爾站在白蘭地河邊，抑制不住內心的激動，大聲喊道：「我找到了，找到了！」

白蘭地河畔還有大量廉價的勞動力，無數的法國難民聚居在這裡，要求的報酬比美國人低得多。他還認識了剛剛被法國政府驅逐出境的富翁彼得・波提，並說服此人入股。就連法國政府也得知了伊雷爾的活動，為了增加火藥來源以便與英國開戰，法國火藥局向伊雷爾提供了先進的生產技術和設備，還督促銀行家投資。總之，堅持不懈的努力漸漸把各個環節的設想變成了具體的實現。終於，生產火藥的杜邦公司成立了。

這只是個開頭，生產和經營中需要解決的問題還很多。伊雷爾親自設計廠房的結構，讓它最大限度地減輕爆炸的可能性。伊雷爾夜以繼日、廢寢忘食地指揮廠房的建立和設備的安裝。

經過一年的準備工作，火藥廠開工了。由於動力不足，試生產失敗了。當伊雷爾打算在白蘭地河上游修建水壩時，有人正搶著幹這件事，這些人想控制火藥廠的動力源，伊雷爾通過法律手段驅逐了他們。

又過了一年，火藥才成功地生產出來，它們的品質是上乘的，但沒有名氣，被經銷商退了回來。伊雷爾在《華爾街日報》上向整個美國宣傳：「德拉瓦州是個打獵的好地方，這裡還有杜邦公司的狩獵俱樂部，來這兒打獵的人都會得到免費的火藥。」

在一陣喧囂之後，訂單終於像雪片般地飛來。一八〇五年，美國政府將杜邦公司定為軍方火藥的固定生產商，伊雷爾就這樣掘到了第一桶金。

在關鍵時刻，伊雷爾走出了關鍵的一步，勇敢地踏上創辦火藥廠的道路，從而使自己成功躋身於「全球首富俱樂部」。際遇就是這樣，它離你很近，只要你敢於踏出重要的一步去接近它。人一生的遭遇，往往決定於人生道路上關鍵的幾步是走對了還是走錯了。這實際上是說，就看你在一生中的幾次重要的機會來臨時，是敏銳果斷地及時抓住和利用了它們，還是眼睜睜地看著它們擦肩而過。

每一步都決定你的人生走向，一步走錯就有可能與成功南轅北轍。看似簡單的「一步」，其實隱藏著很大的玄機。在邁出人生中關鍵的一步時，既要深思熟慮，又要敢於果斷出擊，只有這樣，你的步伐才能更加堅實有力！

機遇青睞有勇氣的人

很多時候，人們抱怨上天不給予自己成功的機會，卻沒有發現其實機會就在身邊，只是因為害怕困難而自行放棄了，而機會一旦喪失，就很難重新擁有。

——哈佛箴言

每個人成功的機會都是相等的，只不過是那些具備膽識、勇於挑戰的人比平常人善於把握罷了。有很多人是在別人的不認可，甚至是鄙夷中獲得成功的。要想獲得成功，你需要打破常規，敢於走別人從未走過的路。雖然看起來有點兒危險，但成功往往就躲藏在危險的後面。

十九世紀中葉，美國人在加州發現了金礦，在這些做著美夢的人流中，有一個叫菲力浦・亞默爾的年輕人，他當年才十七歲，是一個毫不起眼的窮人。

到了加州後，他的「黃金夢」很快就破滅了：「各地湧來的人太多了。」茫茫荒原上擠滿了採金的人，吃飯、喝水都成了大問題。

剛開始，亞默爾也跟其他人一樣，整天在烈日下拼命地埋頭苦幹，一天下來口乾舌燥。亞默爾意識到，在這裡，水和黃金一樣貴重。

他不止一次地聽到人說：「誰給我一碗涼水，我就給他一塊金幣。」可是很多人都被金燦燦的黃金迷住了，沒有人想到去找水。

亞默爾下決心不再淘金了，而是弄水來賣給這些淘金的人，賺淘金者的錢。賣水其實很簡單，挖一條水溝，把河裡的水引到水池裡，然後用細沙過濾，就可以得到清涼可口的水了。他把這些水分裝在瓶裡，運到工地上去賣給那些口乾舌燥的人。淘金者們看到水，一下子就擁了過來，紛紛慷慨解囊，拿出自己的辛苦錢來買亞默爾的水解渴。

看到亞默爾的舉動，很多淘金者都感到很可笑：「這傻小子，千里迢迢跑到這裡來，不去挖金子，而幹這種玩意兒，沒出息。」

這本身是一個大膽的決策，亞默爾自然不會被這些話嚇回去，依然我行我素，天天堅持不懈，一直在工地上賣水。

經過一段時間，很多淘金者的熱情減退了，本錢用完了，血本無歸，兩手空空地離開了加州。亞默爾的主顧越來越少，他也應該走人了。這時，他已經淨賺了六千美元。

你不能因為害怕而拒絕一切嘗試，如果一個人在機會面前勇敢地面對，堅定挑戰的信心，那麼他極有可能取得成功。冒險不一定成功，但是不冒險去嘗試一定不可能成功。人要想在人生的戰場取勝，機會是必不可少的，過度謹慎就會失去發展的大好機會，從而將屬於自己的市場拱手讓人。

「幸運喜歡光臨勇敢的人。」這是西方一條有名的諺語。它向人們說明了冒險與機會是緊密相連的。冒險是表現在人身上的一種勇氣和魄力，險中有夷，危中有利。倘若要創立驚人的戰績，就應該敢於冒險。

阿曼德・哈默是美國一位成功的冒險家、企業家。在人們向哈默請教獲得財富的秘訣時，哈默總是搖搖頭，反問一句：「你敢冒險嗎？」

一九二一年，哈默還是一名醫生。那時的蘇俄經歷了內戰與災荒。哈默本來可以選擇在醫院裡做清潔工作，度過安穩的一生。但是哈默在戰亂中看到了商機，於是作出了普通人認為是瘋了的抉擇，踏上了被西方描述成地獄的蘇俄。

當時，蘇俄被內戰、外國軍事干涉和封鎖弄得經濟蕭條，人們生活十分困窘。霍亂、斑疹、傷寒等傳染病與饑荒嚴重地威脅著人們的生命。列寧領導的蘇維埃政權採取了重大的決策，鼓勵吸引外資，重建經濟。但很多西方人士對蘇俄充滿偏見和仇視，到蘇俄經商、投資、辦企業，被稱作是「到月球去探險」。

哈默心裡當然也知道這一點，但風險大，利潤必然也大，值得去冒險。於是，哈默進入蘇俄。商人精明的頭腦告訴他，被災荒困擾著的蘇俄目前最急需的是糧食。他又想到這時美國糧食大豐收，價格卻很低。農民寧可把糧食燒掉，也不願以低價出售。而蘇俄擁有美國需要的毛皮、白金、綠寶石。如果讓雙方能夠交換，豈不兩全其美？機不可失，哈默立刻向蘇俄官員建議，從美國運來糧食換取蘇俄的貨物。雙方很快達成協議，並且初戰告捷。

沒隔多久，哈默成為第一個在蘇俄經營租讓企業的美國人。此後，他成為負責蘇俄對美貿易的代理商，成為美國福特汽車公司、美國橡膠公司、艾利斯・查理斯機械設備公司等幾十家公司在蘇俄的總代理。生意越做越大，他的收益也越來越多，僅他存在莫斯科銀行裡盧布的數額就非常驚人。

第一次冒險使哈默嘗到了巨大的甜頭，從此，「只要值得，不惜血本也要冒險」成了哈默做生意的最大特色。

你敢或不敢，機會就在那裡。每一個人，都應該成為自己命運的設計師，都應該對生活承擔責任。上天是公平的，只有付出才有回報，只有進行勇敢地嘗試，機會才有可能來敲你的門。如果沒有把握機遇的意識，你只能在消極的生活中熬過一天又一天，直到自己老去。

人們總是時常提醒自己「馬上做」，可就是這簡簡單單的三個字，說起來容易，做起來卻很難。從平凡人走向富翁需要的是把握機會，而當機遇平等地送到大家面前時，只有有勇氣的人和膽略者才能抓住它，進而走向成功。勇氣和膽略意味著需要冒險，而哪一個成功者沒有冒險的經歷呢？

捕捉住遊蕩的機遇

無論發現機遇還是抓住機遇，都要靠能力而不是靠運氣。

——哈佛箴言

機遇就像一個精靈，它來無影去無蹤，令人難以捉摸。在實踐活動中，如果你能在時機來臨之前就識別它，在它溜走之前就採取行動，就能抓住那數不清的財富。

每個人都渴望抓住機遇，因為在某種意義上，機遇就是一種巨大財富，它對改變人生面貌具有巨大作用。很多的成功人士聲稱，機遇成就了他們的事業，機遇帶給了他們無盡的財富。只要有鍥而不捨的毅力去爭取，就一定能有所收穫。

十九世紀，英國物理學家瑞利在無意中發現一個有趣的現象：

在端茶時，茶杯會在碟子裡滑動和傾斜，有時茶杯裡的水也會灑出一些。但當茶水稍灑出一點兒弄濕了茶碟時，會突然變得不易在碟上滑動了。他想，這其中一定隱藏著什麼秘密，不能放過利用這一機遇提供的啟示。他對比做進一步研究，作出了許多相類似的試驗，結果得出了一種求算摩擦的方法——傾斜法，他因此獲得了意外驚喜。

人要在有限的生命中創造出大事業，僅靠苦幹蠻幹是行不通的，要靠你那犀利的雙眼看準時機並把握機遇，將它變成現實的財富，這才是你智慧的體現。機遇總是那麼短暫而又不可多得，很多人總是在為機遇而不停地準備著，而一味地等待或許會痛失良機。

哈佛大學認為，要想抓住機遇，就必須具有識別機遇的眼光。大家處在一個充滿機遇的世界，隨時都有好機會出現在人們面前。但是，能不能認出它是一個好機會才是關鍵。

一天，貴族西格諾的府邸正要舉行一個盛大的宴會，主人邀請了一大批客人。就在宴會開始的前夕，負責餐桌佈置的點心製作人員派人來說，他設計用來擺放在桌子上的那件大型甜點飾品不小心弄壞了，管家急得團團轉。

這時，廚房裡一個幹粗活的僕人走到管家的面前，怯生生地說道：「如果您能讓我來試一試的話，我想我能造另外一件來頂替。」

「你？」管家質疑地問道，「你是什麼人，竟敢說這樣的大話？」

「我叫安東尼奧．卡諾瓦，是雕塑家皮薩諾的孫子。」這個臉色蒼白的孩子回答道。

「小傢伙，你真能做嗎？」管家將信將疑地問道。

「如果您允許我試一試的話，我可以造一件東西擺放在餐桌中央。」小孩子開始顯得鎮定一些。

於是，管家就答應讓安東尼奧去試試，並在一旁緊緊地盯著這個孩子，注視著他的一舉一動，看他到底怎麼辦。

安東尼奧不慌不忙地要求人端來了一些奶油。不一會兒工夫，不起眼的奶油在他的手中變成了一隻蹲著的巨獅。

管家喜出望外，驚訝得張大了嘴巴，連忙派人把這個奶油塑成的獅子擺到了桌子上。

晚宴開始了。客人們陸陸續續地被引到餐廳裡來。這些客人當中，有威尼斯最著名的實業家，有傲慢的王公貴族們，還有眼光挑剔的專業藝術評論家。但當客人們一眼望見餐桌上臥著的奶油獅子時，都不禁交口稱讚起來，紛紛認為這真是一件天才的作品。他們在獅子面前不忍離去，甚至忘了自己來此的真正目的是什麼了。結果，這個宴會變成了對奶油獅子的鑒賞會。

客人們在獅子面前情不自禁地細細欣賞著，不斷地問主人西格諾，究竟是哪一位偉大的雕塑家，竟然肯將自己天才的技藝浪費在這樣一種很快就會融化的東西上。西格諾也愣住了，他立即喊管家過來問話，管家把小安東尼奧帶到了客人們的面前。

當這些尊貴的客人們得知面前這個精美絕倫的奶油獅子竟然是這個小孩倉促間做成的作品時，都不禁大為驚訝，整個宴會立刻變成了對這個小孩的讚美會。富有的主人當即宣布，將由他出資給小孩請最好的老師，讓他的天賦充分地發揮出來。

西格諾沒有食言，但安東尼奧沒有被眼前的讚譽沖昏頭腦，依舊是一個淳樸、熱切而又誠實的孩子。他孜孜不倦地刻苦努力著，希望把自己培養成為皮薩諾門下一名優秀的雕刻家。

也許很多人並不知道安東尼奧是如何充分利用第一次機會展示自己才華的。然而，沒有人不知道後來著名雕塑家安東尼奧・卡諾瓦的大名，也沒有人不知道他是世界上最偉大的雕塑家之一。

成功者從來不會坐在家裡等待機遇的光顧。他們會走出去，在行動中尋找機會。雖然他們並不是每一次都能如願以償，但是嘗試的次數要遠遠多於那些做事猶豫豫的人，取得成功的機率自然也大得多。

哈佛大學認為，機遇是烈馬而不是綿羊，牠只會被強大而有力的人馴服。在現實生活中，即使你發現了機遇，也未必能抓住它並借此改變人生。所以，要想抓住機遇，就必須勤修自己的能力。

年輕的保羅・道密爾流浪到美國時，身上只剩下五美分，而且沒有一技之長。他所擁有的只是一個發財的夢想。他非常清楚，發財的希望不能靠偶然的機遇，要靠高於一般的能力。他決心學會成為一個大老闆需要的各種技能。

剛到美國十八個月，道密爾換了十五份工作。每份工作的性質都不同。對任何一項工作，無論是機修工還是搬運工，他都認真對待，絕不馬虎。不過，一旦他完全掌握這項工作的技能，馬上就跳槽。他不願在自己熟悉的事情上浪費時間。

兩年後，一位老闆看中了他的才幹和敬業精神，決定把整個工廠交給他管理。道密爾沒有讓老闆失望，他把工廠管理得很好，他的收入也非常可觀。可是半年後，他突然向老闆提出辭呈，跳槽到一家日用雜品廠當了推銷員。他認為，要成為一流商人，只有企業管理經驗是不夠的，還必須熟悉市場，瞭解顧客需求。推銷無疑是一份最接近顧客的工作，於是，他放棄體面的職位和優厚的薪金，做起了推銷員。

經過幾年磨煉，道密爾對自己的才能充滿了自信。他用極低的價錢買下一家瀕臨倒閉的工藝品廠，經過一番整頓，很快使它起死回生，成為一家贏利狀況極佳的企業。

其後，他再接再厲，買下一家又一家破產企業，並像個包治百病的神醫似的，使它們重煥生機，他的財富也越積越多。二十年後，白手起家的道密爾邁入億萬富豪的行列。

在生活中，那些終生平庸的人有一種奇怪的想法：「如果遇到很好的機會，我一定做得很好。」所以，他們老是哀嘆自己沒有機會。其實他們更應該問問自己，有沒有為機會的到來作好準備？

哈佛大學認為，機遇的意思就是，如果你做得很好，自然就會遇到很好的機會。任何一個好機會，都產生於超常規的事件中，需要付出超常的努力以獲得超常的利益。它對你習慣的工作方式、生活方式甚至價值觀都可能是一個挑戰。你需要以非常規的心態去看待它，並接納它。這就是抓住機遇的秘密，或者說，這就是成功的秘密。

尋找自己的康莊大道

對於別人的路，看一看還可以，但一味地效仿是走不出同樣的瀟灑和精彩的。

——哈佛箴言

康莊大道，是形容平坦寬闊、四通八達的道路，意為美好光明的前途。路是自己選的，每個分岔口都得細心琢磨，就像開車一樣，膽大心細。但是人生最好不要效仿，吸取精華是很有必要的。

水往低處流，人往高處走，這是自然規律。沒有人可以絕對肯定你的成功或者失敗，也沒有人可以隨意扼殺你的創意和夢想，但是當夢想建於積極態度上，會成為理想，但是建立在消極的幻想中，那就成了白日夢。並不是否定你的能力，但是人應該正視自己的環境和自己本身擁有的條件，在環境上和你的條件上取決你的康莊大道。

俗語道：「條條大路通羅馬。」幸福對於每個人來說是不同的概念，而光明的康莊大道對於人們來說也是各有各的想法。

現代人的幸福指數之所以不高，因為人們想擁有的太多，又或是人們不知道到底想擁有的是什麼。所以，在人生的十字路口上，找一條自己願意的路吧。有時候，不一定大風大浪才是精彩的人生，細水長流同樣有它的美。

康莊大道不只是一條，成功不只是一個方法，功成名就也不一定是最好的幸福，對別人的康莊大道看一看可以，收集一些利於自己要實現理想的觀念和做法是對的，但一味地效仿是走不出同樣的瀟灑和精彩的。一定要尋找屬於自己的康莊大道。

哈佛大學勵志課大公開
——努力就是為了不苟且地活著

作者：黃檳傑
發行人：陳曉林
出版所：風雲時代出版股份有限公司
地址：10576台北市民生東路五段178號7樓之3
電話：(02) 2756-0949
傳真：(02) 2765-3799
執行主編：朱墨菲
美術設計：許惠芳
行銷企劃：林安莉
業務總監：張瑋鳳

初版日期：2019年8月
版權授權：馬峰
ISBN ：978-986-352-719-0
風雲書網：http://www.eastbooks.com.tw
官方部落格：http://eastbooks.pixnet.net/blog
Facebook：http://www.facebook.com/h7560949
E-mail：h7560949@ms15.hinet.net
劃撥帳號：12043291
戶名：風雲時代出版股份有限公司
風雲發行所：33373桃園市龜山區公西村2鄰復興街304巷96號
電話：(03) 318-1378
傳真：(03) 318-1378
法律顧問：永然法律事務所 李永然律師
北辰著作權事務所 蕭雄淋律師

行政院新聞局局版台業字第3595號 營利事業統一編號22759935

定價：280元

國家圖書館出版品預行編目資料

哈佛大學勵志課大公開—努力就是爲了不苟且地活著 ／ 黃檳傑 著. -- 臺北市：風雲時代，2019.07- 面；公分

ISBN 978-986-352-719-0（平裝）

1.成功法 2.自我實現

177.2 108007904